普通高等教育"十二五"规划教材

空乘服务礼仪

张旭 卢意 杜青 编著

国防工业出版社

·北京·

内容简介

礼仪，是我们人类在长期社会实践和社会生活中形成的人际间相互关系的一种表现形式，它在治国安邦、立身处世方面具有重要作用。中华民族是举世闻名的礼仪之邦，礼仪文化的教育传统源远流长。如今，随着社会的发展和人们社交面的扩大，礼仪已经渗透到社会生活的方方面面。

本书共7章，主要介绍了空乘服务礼仪概述、空乘人员的职业形象、空乘人员的语言艺术、客舱服务礼仪、空乘人员日常生活中的礼节、求职礼仪和礼仪风俗等内容。本书内容丰富完整、文字规范且通俗易懂，并附有图片。

本书在编著过程中，注重系统性、全面性、实用性、有针对性等原则特点，既可作为中、高等院校礼仪课程专用教材和社会机构的礼仪培训教材，也适用于所有服务行业从业人员的职业培训，同时也可作为读者培养自身礼仪修养的有益读物。

图书在版编目(CIP)数据

空乘服务礼仪/张旭，卢意，杜青编著. —北京：国防工业出版社，2017.4 重印
普通高等教育"十二五"规划教材
ISBN 978-7-118-08589-1

Ⅰ.①空... Ⅱ.①张... ②卢... ③杜... Ⅲ.①民用航空－乘务人员－礼仪－高等学校－教材 Ⅳ.①F560.9

中国版本图书馆 CIP 数据核字(2013)第 141975 号

※

国防工业出版社出版发行

(北京市海淀区紫竹院南路23号　邮政编码100048)
三河市德鑫印刷有限公司印刷
新华书店经售

＊

开本 787×1092　1/16　印张 8　字数 181 千字
2017 年 4 月第 1 版第 5 次印刷　印数 12001—15000 册　定价 25.00 元

(本书如有印装错误，我社负责调换)

国防书店：(010)88540777　　　发行邮购：(010)88540776
发行传真：(010)88540755　　　发行业务：(010)88540717

前　言

在现代社会,礼仪修养几乎成为一个人和一个社会文明程度的标志。优雅的举止行为,得体的仪态和言语,真挚的情感和规范的礼仪,成为构建人与人之间沟通的桥梁,其力量和价值都是无可比拟的。空乘人员,指的是航空运输行业的服务人员。由于其行业的特殊性,常常被称做是美的化身。空乘服务是高标准、高质量的优质服务,而空乘人员则是这种优质服务行业的窗口。在人们的脑海中,"空姐"是美丽的代言人,一个合格的空乘人员,不仅仅要表现在外部表象上的容貌美,还要在服务过程中,通过对旅客的关爱、周到的服务等,体现其高尚品质与素养的心灵美。通过举手投足之间自然流露出的个性、气质美,能给人以深刻的印象,也是提升服务业整体形象的必要。

21世纪的教育面临的首要问题就是如何提高学生的文化素质和综合素质的问题。因此在本书的编写过程中,编者充分考虑了社会发展的现状和时代背景,吸取国内外优秀礼仪文化传统,使其具有较强的时代感和实用性,并突出民航礼仪的专属性和规范性。本书的内容涉及面广,包括现代空乘服务礼仪概述、空乘人员的职业形象、空乘人员的语言艺术、客舱服务礼仪、空乘人员日常生活中的礼节、求职礼仪和礼仪风俗等方面。相信读者通过本书能切身感受到民航服务礼仪知识的魅力和体验到掌握民航服务礼仪的乐趣。

本书的编写人员有张旭、卢意、杜青。几位作者具有多年的教学经验和丰富的社会实践经历。在编写过程中,参阅了大量礼仪专著和文献,学习了前辈、专家们的优秀理论成果。由于本书编写时间紧,书中难免有疏漏和不足之处,诚请读者不吝赐教。

《空乘服务礼仪》编写组

目 录

第1章 现代空乘服务礼仪概述 ………… 1
 1.1 礼仪引论 ………………………… 1
 1.2 空乘服务礼仪的内涵与基础理论 ………………………… 11
 1.3 空乘服务礼仪的基本要求与功能 ………………………… 16
 1.4 空乘服务礼仪的标准和执行 ………………………… 20

第2章 空乘人员职业形象 ………… 24
 2.1 仪表礼仪 ………………………… 24
 2.2 着装技巧 ………………………… 40
 2.3 优美的姿势动作 ………………… 46
 2.4 空乘人员形象规范与气质塑造 ………………………… 48

第3章 空乘人员的语言艺术 ………… 51
 3.1 交谈的艺术 ……………………… 51
 3.2 空乘服务语言 …………………… 55
 3.3 空乘服务工作中的非自然语言 ………………………… 58

第4章 客舱服务礼仪 ……………… 62
 4.1 客舱服务的基本内容 …………… 62
 4.2 客舱服务的基本程序 …………… 63
 4.3 飞行过程中的乘客服务技能 ………………………… 64
 4.4 日常接待礼仪 …………………… 68
 4.5 顾客异议处理 …………………… 71

第5章 空乘人员日常生活中的礼节 ………… 78
 5.1 见面礼仪 ………………………… 78
 5.2 名片礼仪 ………………………… 86
 5.3 电话礼仪 ………………………… 88

第6章 空乘人员的求职礼仪 ………… 92
 6.1 职业生涯规划 …………………… 92
 6.2 空乘人员的必备条件 …………… 93
 6.3 求职礼仪 ………………………… 96
 6.4 试用期的要求 …………………… 102

第7章 礼仪风俗 …………………… 105
 7.1 宗教礼仪 ………………………… 105
 7.2 外国民间交往礼仪 ……………… 109
 7.3 少数民族习俗礼仪 ……………… 113

参考文献 …………………………… 123

第1章　现代空乘服务礼仪概述

礼仪是社会文化的组成部分,是人类社会发展到一定阶段的产物,也是人类社会进步的文化标志之一。礼仪伴随着人类社会的发展而发展,具有自己独特的发展历史。长期以来,礼仪在我国不仅是一种社会行为规范,还是统治阶级的工具。礼仪在漫长的发展过程中已逐步显现出自己的功能,形成了自己的行为特征和交往原则。作为四大文明古国之一,中国历来享有礼仪之邦的美誉,继承和发扬了悠久的礼仪文化,传播中华文明精粹,是当代人不可推卸的责任与义务。当前,中国正处在经济发展新阶段,弘扬中华民族传统美德、构建社会礼仪新规范,成为促进社会经济协调发展、建设社会主义和谐社会的一项重要任务。空乘服务礼仪是礼仪在民航服务领域的应用,是对传统礼仪文化的继承与发展,产生了较为成熟的民航服务心理学理论。为此,本章从基本知识开始,了解现代空乘服务礼仪的内涵、性质、特点等。

1.1　礼仪引论

礼仪作为人类文明的表现形式,始终是人类摆脱野蛮、愚昧,逐渐走向开化、文明的文化动因。了解礼仪的内涵、起源与发展,有助于我们对礼仪文化的深刻理解,以便在民航服务中自觉遵守相关礼仪规范。

一、礼仪的界定与内涵

在我国,礼仪是作为社会行为规范和统治工具而存在的。随着社会的变迁,礼仪也被不断赋予新的内容和功能。

(一) 礼的内涵

礼(繁体字为"禮",如图1.1所示)的本意为敬神,今引申为表示敬意的通称,是表示尊敬的言语或动作,是人们在长期的生活实践与交往中约定俗成的行为规范。

图1.1　繁体字"禮"

自从有了人类社会,礼就产生了,它是现实生活的缘饰化,用外之物以饰内情,它主要包括三部分内容:
1. 礼物。就是行礼所用的宫室、衣服、器皿及其他物质的东西。
2. 礼仪。就是使用礼物的仪容动作。
3. 礼意。它是由礼物和礼仪所表达的实实在在、明明白白的内容、旨趣或目的。

这就要求礼物和礼仪必须适当,在逐渐完善的礼典实践中证明为无过不及、恰到好处。

礼在中国古代是社会的典章制度和道德规范。作为典章制度,它是社会政治制度的体现,是维护上层建筑以及与之相适应的人与人交往中的礼节仪式。作为道德规范,它是国家领导者和贵族等一切行为的标准和要求。随着中国的一步步发展,"礼"无与伦比的魅力必将会再度大放异彩,使世界眼中的中华民族,是一个文明、开放的民族,而中国当然就是一个文明、开放的国度。可以说,中国的形象,将会因为"礼"而更加亮丽、清新。

(二) 礼仪的界定与内涵

礼仪是在人际交往中,以一定的、约定俗成的程序方式来表现的律己敬人的过程,涉及穿着、交往、沟通、情商等内容。从个人修养的角度来看,礼仪可以说是一个人内在修养和素质的外在表现。从交际的角度来看,礼仪可以说是人际交往中适用的一种艺术、一种交际方式或交际方法,是人际交往中约定俗成的示人以尊重、友好的习惯做法。从传播的角度来看,礼仪可以说是在人际交往中进行相互沟通的技巧,可以大致分为政务礼仪、商务礼仪、服务礼仪、社交礼仪、涉外礼仪五大分支。为此,可从以下不同角度对礼仪的内涵进行理解。

1. 礼节和仪式

这是传统的解释,"礼"字和"仪"字指的都是尊敬的方式,"礼",多指个人性的,如鞠躬、欠身等,就是礼节;"仪",则多指集体性的,如开幕式、阅兵式等,就是仪式。

2. 人们约定俗成表示尊重的各种方式

这是现代通俗而简洁的解释,这里的方式分行动型和非行动型,如鞠躬、给老人让座等,就是行动型的,也就是尊重的形式,这需要行动才有效果;而像庄严场合不嘻笑、别人睡觉不吵闹等,就是非行动型的,也就是行为规范,它不需要行动就有效果。

古人讲"礼者敬人也",礼仪是一种待人接物的行为规范,也是交往的艺术。它是人们在社会交往中由于受历史传统、风俗习惯、宗教信仰、时代潮流等因素而形成,既为人们所认同,又为人们所遵守,是以建立和谐关系为目的的各种符合交往要求的行为准则和规范的总和。

对一个人来说,礼仪是一个人的思想道德水平、文化修养、交际能力的外在表现,对一个社会来说,礼仪是一个国家社会文明程序、道德风尚和生活习惯的反映。

(三) 礼仪、礼节、礼貌的关系

礼节是人们在交往时,表示相互尊敬的惯用形式。常见的礼节有拥抱、亲吻、举手、致意、合十、脱帽、作揖等礼节。常见的服务礼节包括握手礼节、鞠躬礼节等。

礼貌是人们在相互交往中,通过语言、表情、行为、态度表示相互尊重和友好的言行规范。它体现了时代的风尚与道德水准,反映着人们受教育的程度。空乘服务员在服务工作中应做到举止庄重文雅、言语谦虚恭敬、态度诚恳热情。礼貌可以分为礼貌行动和礼貌用语两个部分。礼貌行动是一种无声的语言,如微笑、点头、握手、鼓掌等。礼貌用语是一种有声的行动,它分为称谓语、欢迎语、问候语、祝贺语、告别语、征询语、应答语、道歉语等。人们在交往中讲礼貌有助于建立相互尊重、友好合作的关系,有助于调节公共场所人际间的相互关系,也有助于缓解矛盾、避免冲突。

礼貌是表示尊重的言行规范,礼节是表示尊重的形式要求,礼仪是表示敬意而举行的隆重仪式。礼貌、礼节和礼仪都是人们在相互交往中表示尊重、友好的行为,三者是相互联系、相辅相成的。从本质上说,三者是一致的,但又各有其自身的特殊含义和要求。如果说礼貌侧重于强调个人的道德品质,那么礼节强调的就是这种品质的外在表现形式。有礼貌而不懂礼节就容易失礼,虽有对他人尊敬友好的心意,却不知怎样去表达,因而在与人交往时往往会出现尴尬、紧张、手足无措等。不懂礼貌只学些表面的礼节形式,就难免机械模仿、故作姿态,让人感到虚情假意。因此,讲礼貌,懂礼节应当是内在品质与外在形式的统一。而礼仪的文化内涵要相对深些,它侧重于社会交往中,人们在礼遇规格、礼宾次序等方面应遵循的行为规范,多用于较大规模或较为隆重的场合。礼貌礼节多指交往过程中个别的行为,而礼仪则是指社交活动中,自始至终以一定的程序、方式来表现的完整行为。一般说来,礼节产生于礼仪之前。最初的社交活动规模较小,礼节也较为简单,随着社会交往的扩大化和现代化,交往活动越来越频繁深入,礼节也越来越复杂,于是逐渐形成了一些约定俗成的礼节程序,礼仪就从礼节中自然而然地游离出来。

二、礼仪的起源与发展

(一) 礼的五种起源说

关于礼的起源,说法不一。归纳起来有五种起源说:一是天神生礼仪;二是礼为天地人的统一体;三是礼产生于人的自然本性;四是礼为人性和环境矛盾的产物;五是礼生于理,起源于俗。

(1) 从理论上说,礼的产生,是人类为了协调主客观矛盾的需要。首先,礼的产生是为了维护自然的"人伦秩序"的需要。人类为了生存和发展,必须与大自然抗争,不得不以群居的形式相互依存,人类的群居性使得人与人之间相互依赖又相互制约。在群体生活中,男女有别,老少有异,既是一种天然的人伦秩序,又是一种需要被所有成员共同认定、保证和维护的社会秩序。人类面临着的内部关系必须妥善处理,因此,人们逐步积累和自然约定出一系列"人伦秩序",这就是最初的礼。

其次,礼起源于人类寻求满足自身欲望与实现欲望的条件之间动态平衡的需要。人对欲望的追求是人的本能,在追寻实现欲望的过程中,人与人之间难免会发生矛盾和冲突,为了避免这些矛盾和冲突,就需要为"止欲制乱"而制礼。

(2) 从具体的仪式上看,礼产生于原始宗教的祭祀活动。原始宗教的祭祀活动都是最早也是最简单的以祭天、敬神为主要内容的"礼"。这些祭祀活动在历史发展中逐步完善了相应的规范和制度,正式形成为祭祀礼仪。随着人类对自然与社会各种关系认识的逐步深入,仅以祭祀天地鬼神祖先为礼,已经不能满足人类日益发展的精神需要和调节日益复杂的现实关系。于是,人们将事神致福活动中的一系列行为,从内容和形式扩展到了各种人际交往活动,从最初的祭祀之礼扩展到社会各个领域的各种各样的礼仪。

(二) 礼仪的起源

礼仪作为人际交往的重要的行为规范,它不是随意凭空臆造的,也不是可有可无的。了解礼仪的起源,有利于认识礼仪的本质,自觉地按照礼仪规范的要求进行社交活动。对于礼仪的起源,研究者们有诸多观点,代表性的有以下三种。

1. 礼仪起源于祭祀

东汉许慎的《说文解字》对"礼"字的解释是这样的:"履也,所以事神致福也从示从豊豊亦声"。意思是实践约定的事情,用来给神灵看,以求得赐福。"礼"字是会意字,"示"指神从中可以分析出,"礼"字与古代祭祀神灵的仪式有关。古时祭祀活动不是随意地进行的,它是严格地按照一定的程序,一定的方式进行的。郭沫若在《十批判书》中指出:"礼之起,起于祀神,其后扩展而为人,更其后而为吉、凶、军、宾、嘉等多种仪制。"这里讲到了礼仪的起源,以及礼仪的发展过程。

2. 礼仪起源于法庭的规定

在西方,"礼仪"一词源于法语的"Etiguette"原意是"法庭上的通行证"。古代法国为了保证法庭中活动的秩序,将印有法庭纪律的通告证发给进入法庭的每个人,作为遵守的规矩和行为准则。后来"Etiguette"一词进入英文,演变为"礼仪"的含义,成为人们交往中应遵循的规矩和准则。

3. 礼仪起源于风俗习惯

人是不能离开社会和群体的,人与人在长期的交往活动中,渐渐地产生了一些约定俗成的习惯,久而久之这些习惯成为了人与人交际的规范,当这些交往习惯以文字的形式被记录并同时被人们自觉地遵守后,就逐渐成为了人们交际交往固定的礼仪。遵守礼仪,不仅使人们的社会交往活动变得有序,有章可循,同时也能使人与人在交往中更具有亲和力。1922年《西方礼仪集萃》一书问世,开篇中这样写道:"表面上礼仪有无数的清规戒律,但其根本目的在于使世界成为一个充满生活乐趣的地方,使人变得和易近人。"

从礼仪的起源可以看出,礼仪是在人们的社会活动中,为了维护一种稳定的秩序,为了保持一种交际的和谐而应运产生的。一直到今天,礼仪依然体现着这种本质特点与独特的功能。

(三)中国礼仪的发展

礼仪在其传承沿袭的过程中不断发生着变革。从历史发展的角度来看,其演变过程如表1.1所列。

表1.1 中国礼仪的发展阶段划分

阶段	特征
礼仪的起源时期:夏朝以前(公元前21世纪前)	礼仪起源于原始社会,在原始社会中、晚期(约旧石器时代)出现了早期礼仪的萌芽。整个原始社会是礼仪的萌芽时期,礼仪较为简单和虔诚,还不具有阶级性。内容包括:制定了明确血缘关系的婚嫁礼仪;区别部族内部尊卑等级的礼制;为祭天敬神而确定的一些祭典仪式;制定一些在人们的相互交往中表示礼节和表示恭敬的动作
礼仪的形成时期:夏、商、西周三代(公元前21世纪—前771年)	人类进入奴隶社会,统治阶级为了巩固自己的统治地位把原始的宗教礼仪发展成符合奴隶社会政治需要的礼制,礼被打上了阶级的烙印。在这个阶段,中国第一次形成了比较完整的国家礼仪与制度。在汉以后2000多年的历史中,它们一直是国家制定礼仪制度的经典著作,被称为礼经
礼仪的变革时期:春秋战国时期(公元前771—前221年)	这一时期,学术界形成了百家争鸣的局面,以孔子、孟子、荀子为代表的诸子百家对礼教给予了研究和发展,对礼仪的起源、本质和功能进行了系统地阐述,第一次在理论上全面而深刻地论述了社会等级秩序划分及其意义
强化时期:秦汉到清末(公元前221—公元1911年)	在我国长达2000多年的封建社会里,尽管在不同的朝代礼仪文化具有不同的社会政治、经济、文化特征,但却有一个共同点,就是一直为统治阶级所利用,礼仪是维护封建社会的等级秩序的工具。这一时期的礼仪的重要特点是尊君抑臣、尊夫抑妇、尊父抑子、尊神抑人。在漫长的历史演变过程中,它逐渐变成为妨碍人类个性自由发展、阻挠人类平等交往、窒息思想自由的精神枷锁
近代礼仪	中国进入半殖民地、半封建的社会时期,中国出现"大杂烩"式的礼仪思想,关于礼仪的标准、价值观念得到推广和传播。正在此时,西方与中国推崇的思想截然不同,西方推行自由、平等、解放的思想。相对于中国的思想而言,西方更显得开放和自由,中国的思想略为保守
现代礼仪	辛亥革命以后,受西方资产阶级"自由、平等、民主、博爱"等思想的影响,中国的传统礼仪规范、制度,受到强烈冲击。五四新文化运动对腐朽、落后的礼教进行了清算,符合时代要求的礼仪被继承、完善、流传,那些繁文缛节逐渐被抛弃,同时接受了一些国际上通用的礼仪形式。新的礼仪标准、价值观念得到推广和传播

新中国成立后,逐渐确立以平等相处、友好往来、相互帮助、团结友爱为主要原则的具有中国特色的新型社会关系和人际关系。改革开放以来,随着中国与世界的交往日趋频繁,西方一些先进的礼仪、礼节陆续传入我国,同我国的传统礼仪一道融入社会生活的各个方面,构成了社会主义礼仪

的基本框架。许多礼仪从内容到形式都在不断变革,现代礼仪的发展进入了全新的发展时期。大量的礼仪书籍相继出版,各行各业的礼仪规范纷纷出台,礼仪讲座、礼仪培训日趋火红。人们学习礼仪知识的热情空前高涨。讲文明、讲礼貌蔚然成风。今后,随着社会的进步、科技的发展和国际交往的增多,礼仪必将得到新的完善和发展。

在中国古代,礼仪文明作为中国传统文化的一个重要组成部分,对中国社会历史发展起了广泛深远的影响,其内容十分丰富。礼仪所涉及的范围十分广泛,几乎渗透于古代社会的各个方面。近代以后,礼仪的范畴逐渐缩小,礼仪与政治体制、法律典章、行政区划、伦理道德等基本分离,现代礼仪一般只有仪式和礼节的意思,去掉了繁文缛节、复杂琐碎的内容,吸收了许多反映时代风貌、适应现代生活节奏的新形式。现代礼仪简明、实用、新颖、灵活,体现了高效率、快节奏的时代旋律。

三、礼仪的特征

与其他学科相比,礼仪具有一些自身独具的特征。这主要表现在规范性、差异性、可操作性、继承性、发展性五个方面。

(一) 规范性

礼仪,指的就是人们在交际结合待人接物时必须遵守的行为规范。这种规范性,不仅约束着人们在一切交际场合的言谈话语、行为举止,使之合乎礼仪;而且也是人们在一切交际场合必须采用的一种"通用语言",是衡量他人、判断自己是否自律、敬人的一种尺度。总之,礼仪是约定俗成的一种自尊、敬人的惯用形式。因此,任何人要想在交际场合表现得合乎礼仪,彬彬有礼,都必须对礼仪无条件地遵守。

(二) 差异性

礼仪,顾名思义,主要适用于交际场合,适用于普通情况之下一般的人际交往与应酬。在这个特定范围之内,礼仪肯定行之有效。离开了这个特定的范围,礼仪则未必适用,这就是礼仪的差异性特点。理解了这一特点,就不会把礼仪当成放之四海而皆准的标准,就不会在非交际场合拿礼仪去以不变应万变。必须明确,当所处场合不同,所具有的身份不同时,所要应用的礼仪往往会因此而各有不同,有时甚至还会差异很大。对这一点,是不容忽略的。一般而论,适合应用礼仪的,主要是初次交往、因公交往、对外交往三种交际场合。

(三) 可操作性

切实有效,实用可行,规则简明,易学易会,便于操作,是礼仪的一大特征。它不是纸上谈兵、空洞无物、不着边际、故弄玄虚、夸夸其谈,而是既有总体上的礼仪原则、礼仪规范,又在具体的细节上以一系列的方式、方法,仔细、周详地对礼仪原则、礼仪规范加以贯彻,把它们落到实处,使之"言之有物"、"行之有礼"。礼仪的易记易行,能够为其广觅知音,使其被人们广泛地运用于交际实践,并受到广大公众的认可,而且反过来,又进一步地促使礼仪以简便易行、容易操作为第一要旨。

(四) 继承性

任何国家的礼仪都具有自己鲜明的民族特色,任何国家的当代礼仪都是在本国古代礼仪的基础上继承、发展起来的。离开了对本国、本民族既往礼仪成果的传承、扬弃,就不可能形成当代礼仪。这就是礼仪继承性的特定含义。作为一种人类的文明积累,礼仪将人们在交际应酬之中的习惯做法固定下来,流传下去,并逐渐形成自己的民族特色,这不是一种短暂的社会现象,而且不会因为社会制度的更替而消失。对于既往的礼仪遗产,正确的态度不应当是食古不化,全盘沿用,而应当是有扬弃,有继承,更有发展。

(五)发展性

从本质上讲,礼仪可以说是一种社会历史发展的产物,并具有鲜明的时代特点。一方面,它是在人类长期的交际活动实践之中形成、发展、完善起来的,绝不可能凭空杜撰,一蹴而就,完全脱离特定的历史背景。另一方面,社会的发展,历史的进步,由此而引起的众多社交活动的新特点、新问题的出现,又要求礼仪有所变化,有所进步,推陈出新,与时代同步,以适应新形势下新的要求。与此同时,随着世界经济的国际化倾向日益明显,各个国家、各个地区、各个民族之间的交往日益密切,他们的礼仪随之也不断地相互影响,相互渗透,相互取长补短,不断地被赋予新的内容。这就使礼仪具有相对的发展性。了解了这一点,就不会把它看做一成不变的东西,而能够更好地以发展、变化的眼光去对待它;也不会对礼仪搞"教条主义",使之一成不变,脱离生活,脱离时代。

四、礼仪的分类

从不同的角度,按不同的标准,礼仪划分的类型也不同。

(一)按应用范围分类

按应用范围一般分为政务礼仪、商务礼仪、服务礼仪、社交礼仪、涉外礼仪五大类,如图 1.2 所示。

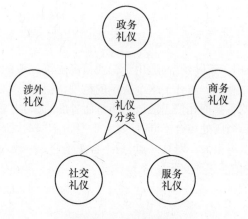

图 1.2 礼仪的分类

1. 政务礼仪

政务礼仪是国家公务员在行使国家权力和管理职能所必须遵循的礼仪规范。

2. 商务礼仪

商务礼仪是在商务活动中体现相互尊重的行为准则。商务礼仪的核心是一种行为的准则,用来约束我们日常商务活动的方方面面。商务礼仪的核心作用是为了体现人与人之间的相互尊重。这样我们学习商务礼仪就显得更为重要。我们可以用一种简单的方式来概括商务礼仪,它是商务活动中对人的仪容仪表和言谈举止的普遍要求。

3. 服务礼仪

服务礼仪是指服务行业的从业人员应具备的基本素质和应遵守的行为规范,主要适用于服务行业的从业人员、经营管理人员、商界人士、职场人士、企业白领等从事服务工作的人士。

4. 社交礼仪

社交礼仪是指人们在人际交往过程中所具备的基本素质、交际能力等。社交在当今社会人际交往中发挥的作用愈显重要。

5. 涉外礼仪

涉外礼仪是指在长期的国际往来中,逐步形成了外事礼仪规范,也就是人们参与国际交往所要遵守的惯例,是约定俗成的做法。它强调交往中的规范性、对象性、技巧性。

(二) 按发展过程分类

礼仪按发展过程分类,可分为古代礼仪和现代礼仪。

我国古代礼仪的含义十分广泛,一般而言,它至少有四种解释:

(1) 它是一种包括政治、经济、文化、军事制度在内的典章制度,被视为"国之基"、"君之大柄"。

(2) 它是一种做人的道德规范。

(3) 它是个人及社会必须遵守的行为准则。正所谓,"非礼勿视,非礼勿听,非礼勿言,非礼勿动"。

(4) 它是各种正式的仪式。

由此可见,我国古代礼仪的主旨,是明确地规定并严格地维护封建等级制度,强调并坚持人的等级差异的。对于这点,荀子说得很明白:"礼者,贵贱有等,长幼有差,贫富轻重,皆有称也。"

现代礼仪更关心的是人际交往的成功,核心内容是人际交往的行为规范。

两者的差异主要体现在以下三点:

(1) 古代礼仪与现代礼仪的基础不同。古代礼仪是以封建等级制度为基础的,现代礼仪虽承认身份差异,但更强调人格的平等、社会的平等,并且以尊重人作为自己的立足点和出发点。

(2) 古代礼仪与现代礼仪的目标不同。古代礼仪以维护封建统治秩序为目的,而现代礼仪则生在追求人际交往的和谐与顺利。

(3) 古代礼仪与现代礼仪的范围不同。古代礼仪所讲究的是"礼不下庶人",因而与平民百姓无关,而现代礼仪则适用于任何交际活动的参与者。

时至今日,现代的礼仪与古代的礼仪已有很大差别,我们必须舍弃那些为剥削阶级服务的礼仪规范,着重选取对今天仍有积极、普遍意义的传统文明礼仪,如尊老敬贤、仪尚适宜、礼貌待人、容仪有整等,加以改造与承传。这对于修养良好个人素质,协调和谐人际关系,塑造文明的社会风气,进行社会主义精神文明建设,具有现代价值。

五、礼仪文化

(一) 礼仪文化

礼仪文化作为中国传统文化的一个重要组成部分,对中国社会历史发展起了广泛深远的影响,其内容十分丰富。

长期以来,大量礼仪文化的精华和糟粕处于渗融并存的状态,又由于礼仪文化的糟粕所产生的不可低估的消极作用。在相当长一段时间内,社会、学校对礼仪养成教育不够重视,许多不文明的行为亦有增无减。在今天社会主义精神文明建设中,应立足于吸收民族文化中的精华,使传统文明礼仪古为今用,重建一套现代文明礼仪。礼仪文化建设已经成为我国加入世贸组织后企业与国际市场接轨的必修课,在公共关系、对外交往、商务活动、职场管理、信息沟通等方面起着积极的作用。完善的礼仪文化成为企业职业化、规范化管理和国际化程度的标志。

（二）礼仪文化建设的意义

1. 礼仪文化建设对企业形象和企业素质的提升具有促进作用

礼仪文化作为企业文化建设的重要组成部分，可以从侧面反应出一个企业的形象和素质。通过礼仪建设可以提升企业核心竞争力，同时礼仪也是企业形象资产最好的容器。员工通过公司立身处世，公司通过员工服务社会，每一个企业的员工在职场上的各种表现与行为都是该企业形象的缩影，社会往往透过员工行为对企业进行评价。因此，建设并不断完善礼仪文化，使公司员工懂得在现代商务活动中的基本礼仪，不仅能反映该员工自身的素质，而且折射出该员工所在公司的企业文化水平和经营管理境界。加强礼仪文化建设力度，可以内修企业素质，外树企业形象，是企业长远发展的战略，是企业兴衰荣辱的大计。

2. 健全的礼仪文化建设是适应现代信息时代发展的需要

2000年以后，信息时代概念的引入代表着一种快节奏经济时代的到来。信息时代的到来，使得许多传播技术和沟通手段在本质上发生了改变。距离上从面对面到远程通过电话、网络进行会务；节奏上从低频率到高频率、快节奏。人际沟通的方式和频率的变化给人类社交礼仪方面所涉及的领域进行了新的界定。因此，完善的礼仪文化建设才能保证员工在新时代新领域的人际交往中的"人和"境界。完善礼仪文化建设，是经济发展的需要，是时代的需要。

3. 进行礼仪文化建设可以形成良好社会风气

随着中国经济的迅速发展，我国物质文明和精神文明的差距逐渐增大，在物质文明高度发展，精神文明相对落后的今天，社会风气存在着不少问题。企业是社会的企业，企业发展离不开社会，也离不开人，社会风气的好坏往往影响着企业项目的成败。目前，一些领域和一些地方道德失范，是非、善恶、美丑界定混乱，拜金主义、享乐主义、极端个人主义有所滋长，见利忘义、损公肥私行为时有发生，不讲信用、欺骗欺诈成为社会公害，以权谋私、腐化堕落现象严重存在。礼仪文化建设是以德治国，端正社会风气的软制度和潜规则。企业作为社会的重要分子，应该融入社会，对风气净化和礼仪建设具有表率义务。大型国有企业更是如此，走在礼仪文化建设的前列，为建设和推动良好的社会风气做出自己的贡献。

4. 礼仪文化建设在企业的发展历程中具有重要战略地位

无论是国有企业、私有企业，无论是涉外企业还是国内企业，随着服务领域的逐渐扩大，业务过程中所需要的交往也逐步增多，对于涉外企业而言更是频繁与外国友人进行交流。礼仪关乎人格，更关乎国格，无论国门内外，除了具备精湛的专业技能和科学的管理水平，还必须了解如何与人相处的法则和规范。这就要求企业自身的礼仪文化建设达到一定的高度。礼仪的学习能够帮助企业顺利地走向全国，走向世界，能够使人与人之间更好地交流交往，树立自身形象的同时也映射着企业的形象。同时，礼仪文化建设能够给员工职场和事业成功提供软化剂和推进器。

（三）东、西方礼仪文化的差异与融合

东方礼仪主要指中国、日本、朝鲜、泰国、新加坡等为代表的亚洲国家所代表的具有东方民族特点的礼仪文化。西方礼仪主要指流传于欧洲、北美各国的礼仪文化。

由于形成礼仪的重要根源——宗教信仰的不同，使得世界上信仰不同宗教的人们遵守着各不相同的礼仪。中国是四大文明古国之一，中华民族是唯一传承千年的文明和民族。中国的礼仪，始于夏商周，盛于唐宋，经过不断地发展变化，逐渐形成体系。西方社会，是几大古代文明的继承者，曾一直和东方的中国遥相呼应。经过中世纪的黑暗，最终迎来了文艺复兴，并孕育了资本主义和现代文明，产生了现代科技和文化。中西方有着截然不同的礼仪文化。

随着我国改革开放的步伐日益加快,跨国交际日益增多,中西方礼仪文化的差异更是越发显露,这种差异带来的影响也是不容忽视,在中西礼仪没有得到完美融合之前,我们有必要了解这些礼仪的差异。

1. 交际语言的差异

(1) 日常打招呼,中国人大多使用"吃了吗?"、"去哪儿?"等,这体现了人与人之间的一种亲切感。可对西方人来说,这种打招呼的方式会令对方感到突然、尴尬,甚至不快,因为西方人会把这种问话理解成为一种"盘问",感到对方在询问他们的私生活。在西方,日常打招呼他们只说一声"Hello"或按时间来分,说声"早上好!"、"下午好!"、"晚上好!"就可以了。而英国人见面会说:"今天天气不错啊!"

(2) 称谓方面,在汉语里,一般只有彼此熟悉亲密的人之间才可以"直呼其名"。但在西方,"直呼其名"比在汉语里的范围要广得多。在西方,常用"先生"和"夫人"来称呼不知其名的陌生人,对十几或二十几岁的女子可称呼"小姐",结婚了的女性可称"女士"或"夫人"等。在家庭成员之间,不分长幼尊卑,一般可互称姓名或昵称。在家里,可以直接叫爸爸、妈妈的名字。对所有的男性长辈都可以称"叔叔",对所有的女性长辈都可以称"阿姨"。这在中国是不行的,必须要分清楚辈份、老幼等关系,否则就会被认为不懂礼貌。

(3) 中西语言中有多种不同的告别语。如在和病人告别时,中国人常说"多喝点水"、"多穿点衣服"、"早点休息"之类的话,表示对病人的关怀。但西方人绝不会说"多喝水"之类的话,因为这样说会被认为有指手画脚之嫌,他们会说"多保重"或"希望你早日康复"等。

2. 餐饮礼仪的差异

中国人有句话叫"民以食为天",由此可见饮食在中国人心目中的地位,因此中国人将吃饭看做头等大事。中国菜注重菜肴色、香、味、形、意俱全,甚至于超过了对营养的注重,只要好吃、好看,营养反而显得不重要了。西方的饮食比较讲究营养的搭配和吸收,是一种科学的饮食观念。西方人多注重食物的营养而忽略了食物的色、香、味、形、意如何,他们的饮食多是为了生存和健康,似乎不讲究味的享受。

(1) 在餐饮氛围方面,中国人在吃饭的时候都喜欢热闹,很多人围在一起吃吃喝喝,说说笑笑,大家在一起营造一种热闹温暖的用餐氛围。除非是在很正式的宴会上,中国人在餐桌上并没有什么很特别的礼仪。而西方人在用餐时,都喜欢幽雅、安静的环境,他们认为在餐桌上的时候一定要注意自己的礼仪,不可以失去礼节,如在进餐时不能发出很难听的声音。

(2) 中西方宴请礼仪也各具特色。在中国,从古至今大多都以左为尊,在宴请客人时,要将地位很尊贵的客人安排在左边的上座,然后依次安排。在西方则是以右为尊,男女间隔而座,夫妇也分开而座,女宾客的席位比男宾客的席位稍高,男士要替位于自己右边的女宾客拉开椅子,以示对女士的尊重。另外,西方人用餐时要坐正,认为弯腰、低头、用嘴凑上去吃很不礼貌,但是这恰恰是中国人通常吃饭的方式。吃西餐的时候,主人不提倡大肆的饮酒,中国的餐桌上酒是必备之物,以酒助兴,有时为了表示对对方的尊重,喝酒的时候都是一杯一杯地喝。

3. 服饰礼仪的差异

西方男士在正式社交场合通常穿保守式样的西装,内穿白衬衫,打领带。他们喜欢黑色,因此,一般穿黑色的皮鞋。西方女士在正式场合要穿礼服套装。另外,女士外出有戴耳环的习俗。西方国家,尤其是在美国,平时人们喜欢穿着休闲装,如T恤加牛仔服。

当今中国人穿着打扮日趋西化,传统的中山装、旗袍等已退出历史舞台。正式场合男女着装已与西方并无二异。在平时的市井生活中,还会看到不少人穿着背心、短裤、拖鞋等不合礼仪的服饰。

礼仪是一种文化,是文化就有纵向的传承和横向的借鉴与融合。随着世界全球化不断加快步伐,经济、文化高速碰撞融合的大背景下,西方文化大量涌进中国,中国传统礼仪也不断受到西方礼仪文化的冲击。如何保护中华民族传统礼仪,并去其糟粕,与西方礼仪进行合理有效的融合,成为人们不断思考和探讨的话题。越来越多的人认识到中西礼仪文化必将会互相渗透,不断发展。

但是在中西礼仪文化的融合过程中,中国人未免盲目热衷于西方,不自觉中陷入两个误区:其一,是拿西方的礼仪取代我们中华民族的传统礼仪。礼仪是一个民族最具代表性的东西。例如在青年中,举行外国式婚礼、过西方节日等,都是不容忽视的倾向。对西洋礼仪只是作为民俗知识了解一下无可厚非,如果趋之若鹜,就失去了民族的自尊,本民族的传统礼仪也会被淹没。其二,是把礼仪教育的重点集中在操作层面,比如鞠躬要弯多少度、握手要停几秒钟等。这些问题不是不可以讲,但如果只做表面文章,礼仪就成了空洞的形式主义。

中西方礼仪文化的融合,在我们今日中国,更多的还是借鉴西方。但无论是借鉴西方的礼仪,或者是我们是自创一套自己的礼仪系统,这在形式上都不难。难的是我们也能有一个完整的价值体系,有对自身文化的高度认同和深刻觉悟。我们借鉴西方礼仪,不仅仅是要借鉴它的形式,更应当借鉴其内在灵魂,只有这样我们才能建立起自己的自信和优越感,才能确立我们的感染力。民族的复兴不仅是实力的复兴,更是一种文化的复兴。只有别人也认同我们的文化,才能真正使我们的礼仪行于世界。

人无礼则不立,事无礼则不成,国无礼则不宁。一个礼仪缺乏的社会,往往是不成熟的社会。而一个礼仪标准不太统一甚至互相矛盾的社会,往往是一个不和谐的社会。礼仪,是整个社会文明的基础,是社会文明最直接、最全面的表现方式。创建和谐社会,必须先从礼仪开始。中国现在面临着前所未有的挑战,在物质、精神、文化等方面,都迫切的需要一套完整而合理的价值观进行统一。而礼仪文化无疑是这种统一的"先行军",只有认清中西礼仪文化的差异,将二者合理有效地融合,方能建立适合中国当代社会的礼仪文化体系,达到和谐社会的理想。

六、提高礼仪修养的途径

(一)加强道德修养

道德品质,也称品德或德行,它是社会道德现象在个人身上的具体体现,是指一定的社会的道德原则和规范在个人思想行动中所表现出的某种比较稳定的特征和倾向。道德品质的修养和礼仪行为的养成有着密切的联系,二者是相辅相成的统一过程。礼仪行为从广义上说就是一种道德行为,处处渗透和体现着一种道德精神。一个人想要在礼仪方面达到较高的造诣,离开了道德品质方面的修养是不可能的;一个人要形成一种高尚的道德品质,就应该从日常礼仪规范这一基础的层次做起。

(二)提高文化素质

礼仪学是一门综合性的专门学科,它和公共关系学、传播学、美学、民俗学、社会学等许多学科都有密切的关系,一个人只有具备广博的文化知识,才能深刻理解礼仪的原则和规范。只有具备较高的文化层次,才能更加自如地在不同场合具体运用礼仪。因此要提高自己的礼仪修养,必须有意识地广泛涉猎多种科学文化知识,使自己具备见多识广的综合知识素养,提高文学、艺术欣赏能力,提高审美能力。这样,就会有意无意地按照美的规律来认识生活和改造周围的环境,同时,在人际交往中,自己的言行也更具美感。

(三)自觉学习礼仪知识,接受礼貌教育

世界各国的礼仪风俗千种万类,我国的各个民族礼节习俗也是各不相同。在涉外工作和旅游

服务工作中,如对其他国家或某一具体活动的礼仪知识不了解,只凭以往的经验办事,轻则闹笑话,重则影响工作效果,甚至造成误解。我国几千年的文明,各个历史阶段都有浩繁的有关礼仪的知识,我们应该注意收集、学习和领会各种礼仪知识,以便在实践中运用,久而久之,不但自己在礼仪方面博闻多识,而且在礼仪修养的实践上也能提高到新的高度。

(四)积极参加礼仪实践

实践是动机和效果由此及彼的桥梁。对礼仪知识的学习,停留在仅仅从理论上弄清礼仪的含义和内容,而不去实践中运用是远远不够的。在提高礼仪修养时,要以积极的态度,坚持理论联系实际,将自己学到的礼仪知识积极运用于社会实践的各个方面。积极投身到实践之中,在文明气氛较浓的环境里去接受熏陶,对增强自己的文明意识、培养礼貌的行为、涤荡各种粗俗不雅的不良习惯、提高礼仪修养水平,是大有好处的。要在旅游职业岗位上,时时处处自觉从大处着眼、小处着手,以礼仪的规范来要求自己的言谈举止,在社交场所多听、多看、多学,通过各种人际交往的接触强化,不断提高自己的礼仪修养。

(五)养成良好的行为习惯

礼仪是人们交际活动中的一种行为模式。这种行为模式只有通过长期的自觉练习,变成自身一种自动的动作,形成习惯,才能在交际活动中更好地发挥作用。礼仪修养实际上就是人自觉用正确的思想战胜不正确思想,用良好的行为习惯纠正不良行为习惯的过程。检验一个人的礼仪修养如何,很重要的一条标准就是看他是否已把交际礼仪规范变成自身个性中的稳定成分,是否能在各种交际场合自然而然地遵循交际礼仪要求。

1.2 空乘服务礼仪的内涵与基础理论

空乘服务礼仪其实就是一种行为规范,是指空乘人员在飞机上的服务工作中应遵守的行为规范,它具体是指空乘人员在客舱服务中的各服务环节,从在客舱迎接旅客登飞机、与旅客的沟通,到飞机飞行中的供餐、送饮料,为特殊旅客提供特殊服务等都有一整套空乘人员的行为规范。

空乘人员的行为规范体现了一名乘务员的性格和心灵,反映出乘务员的文明程度和心理状态。它是旅客评价空乘人员服务态度和航空公司面貌的重要标志之一。空乘人员的行为大方文雅、热情庄重,会在旅客内心深处留下美好的印象和舒适的感觉。行为规范的效力不仅可以直接影响航空公司的经济效益,而且对公司企业形象和社会声誉也起着至关重要的作用。

高品质的空乘服务礼仪是民航业发展的迫切要求。在硬件条件差距日益缩小的情况下,方便、及时、周到、多层次、全方位的服务,是赢得市场竞争的重要筹码。为此,空乘人员要认真学习、自觉遵循空乘服务礼仪,加强自身职业道德修养,尊重服务对象。

一、空乘服务礼仪的内涵

空乘人员因其职业的特殊性,在社会大众面前具有明显的、令人瞩目的特点。因此,空乘人员必须具有高尚的职业道德,才可以控制、影响个人的言谈举止,规范自身行为,从而树立良好的职业形象。要形成良好的空乘服务礼仪,空乘人员必须具备以下前提:

(一)具备爱岗敬业的精神

只有当一个人热爱自己的工作时,表现出的工作作风和态度才会是积极的、主动的、热情的、真诚的。带给旅客的服务也将是细致的、周到的。反之,是不可能为旅客提供优质的、全面的服务,即使按照规章完成了服务程序,但过于机械化的方式,也不会得到旅客的认同和赞赏。为此,爱岗敬业是形成良好的空乘服务礼仪的重要前提。

(二)具有团结协作的精神

整个飞行任务都是与机组、乘务组、地面联合完成的。为此,作为空乘人员,要学会与机组、乘务组、地面人员做好协作。要体谅旅客、关心机组成员,切不可因个人恩怨影响整个飞行任务,也不可将个人情绪带到工作中,造成协作、服务上的漏洞。为此,团结协作是形成良好空乘服务礼仪的必要条件。

(三)具有一视同仁的工作态度

工作中,对所有旅客要一视同仁,不允许对旅客的服装、语言、装扮、肤色、地区、宗教信仰等评头论足,更不可嘲笑行动不便、有语言障碍、不会使用机上服务设施或第一次乘坐飞机的旅客。这些都是空乘服务礼仪中坚决杜绝的现象。

(四)注意自己的言谈举止

空乘人员的言行直接关系到航空公司的对外形象,因此,无论是否在承担飞行任务,在与人交往中也要注意自己的行为举止、语言礼仪,时刻表现出良好的职业素养和优良品质。礼仪需要内在与外在的融合。

(五)努力钻研业务

空乘人员要努力钻研业务、丰富社会知识,研究旅客心理,探索旅客需求,不断提高服务技能,提高处理突发事件能力,以适应民航事业、航空公司及服务礼仪发展的不断需要。

空乘服务礼仪是礼仪在空乘服务过程中的具体运用,是航空服务人员应具备的基本素质和在自己的工作岗位上所应当严格遵守的行为规范。空乘服务礼仪主要以空乘服务人员的仪容、仪态、服饰、语言等方面的行为规范为基本内容,是一门实用性很强的服务礼仪学科。同礼仪的其他门类相比,空乘服务礼仪具有鲜明的标准性、规范性和可操作性,是空乘服务人员为提高服务质量,在自己的工作岗位上向旅客提供标准化、有形化、规范化、系统化服务程序的正确做法。空乘服务礼仪是表现律己、敬人的一种行为规范,是表现航空公司对旅客人性化的服务和关爱的重要途径。掌握空乘服务礼仪是任何一个空乘服务人员所必须具备的基本能力和素质。

学习空乘服务礼仪具有重要意义,特别是对于在空乘服务人员来说,它有助于提高空乘服务人员的个人素质和自身修养,有助于更好地对旅客表示尊重,有助于进一步提高服务水平与服务质量,有助于塑造并维护航空公司的整体形象,提高航空企业的整体竞争力,有助于使航空公司创造出更好的经济效益和社会效益。

二、空乘服务礼仪的构成

空乘服务礼仪是由空乘服务礼仪的主体,客体、媒体、环境四项基本要素所构成的。

(一)空乘服务礼仪主体

空乘服务礼仪主体指的是礼仪活动的操作者和实施者。它既可以是个人,也可以是组织。当礼仪活动规模较小、较为简单时,其主体通常是个人。当礼仪活动规模较大、较为复杂时,其主体通常则是组织。没有礼仪主体,礼仪活动就不可能进行,礼仪也就无从谈起。

（二）空乘服务礼仪客体

空乘服务礼仪客体又叫礼仪的对象，它指的是礼仪活动的指向者和承受者。从外延上讲，它可以是人，也可以是物；可以是物质的，也可以是精神的；可以是具体的，也可以是抽象的；可以是有形的，也可以是无形的。没有礼仪客体，礼仪就失去了对象，就不称其为礼仪。礼仪的客体与礼仪的主体二者之间既对立，又依存，而且在一定条件下相互转化。

（三）空乘服务礼仪媒体

指的是礼仪活动所依托的一定的媒介。进而言之，它实际上是礼仪内容与礼仪形式的统一。任何礼仪都必须使用礼仪媒体，不使用礼仪媒体的礼仪不可能存在。礼仪的媒体，具体是由人体礼仪媒体、物体礼仪媒体、事体礼仪媒体等构成的。在具体操作礼仪时，这些不同的礼仪媒体往往是交叉、配合使用的。

（四）空乘服务礼仪环境

空乘服务礼仪环境指的是礼仪活动得以进行的特定的时空条件。大体说来，它可以分为礼仪的自然环境与礼仪的社会环境。礼仪的环境，经常制约着礼仪的实施。不仅实施何种礼仪由其所决定，而且具体礼仪的实施方法也由其所决定。

三、空乘服务礼仪的三要素

空乘服务礼仪是衡量空乘服务人员是否受到良好教育的标准，它绝对不是只做做表面工作就可交差的，而必须发自内心，出于自然。进入市场经济以来，各行各业竞争压力都很大，面对竞争，空乘服务人员必须要有令人满意且周道的待客之道。

空乘服务礼仪中的三要素是指机智、时机和宽容。

（一）机智（Tact）

机智有三重含义：

第一是"愉快"。是指使人感到愉快之意，乘务员在待人接物时要尽量欣赏、赞美旅客的优点。

第二是"灵感"。在空乘任务执行过程中往往会接触到形形色色的人，在谈话中，接待及服务时，如果不机灵、不懂得察言观色的话，时常会得罪人。

第三是"迅速"。经济社会中追求效率，所以迅速也是礼貌的重要表现，说话要抓重点，行动快而敏捷。

（二）时机（Timing）

时机是指空乘服务服务人员一定要学会适时、适地对合适的人讲合适的话。在工作场合中应依据地点、身份的需要讲适当的话，作合适的举止应对进退。在公众场合应"少说多听"，多思考别人说话的内容，以掌握合适的表现时机。

（三）宽容（Tolerance）

宽容是指空乘服务人员一定要胸怀宽广，要像俗话中所说的"能容天下难容之事"。这是一项较高的要求标准，也是在空乘服务礼仪中最难做到的一项。想要做得好，就必须将注意力放在别人身上。也就是说，如果你常常设身处地地为别人着想，记住"将心比心"四个字，多想别人的优点，自然就会有比较好的服务心情，另外还有一句名言："挑问题的客人，才是好客人"。旅客越挑剔，我们也要越加倍付出耐心,一项项为之解答,并设法改正自己的缺点。如此,因我们的宽容与容忍更加增进买卖双方彼此的信赖,也更能提高商业活动的品质。宽容旅客、善待自己,以平和心态面对旅客的错误,是每个空乘服务人员需要学会的。

四、空乘服务礼仪的基础理论

空乘服务礼仪是一门针对性强、实用性强的礼仪学科,同其他礼仪门类相比,它具有严格的规范性和更强的可操作性。空乘服务礼仪的鲜明特征是,要求空乘服务人员必须依据严格的礼仪规范,约束和指导自己服务行为。空乘服务礼仪的基础理论包括三A原则、晕轮效应、亲和效应、末轮效应、零度干扰等主要内容。空乘服务人员只有对服务礼仪中的这些基本原则比较详尽的了解,才能将他们自觉地运用到服务实践中去。

(一)三A原则

"三A原则"是商务礼仪的立足资本,是美国学者布吉尼教授提出来的。

"三A原则"就是三个以A开头的英语单词,其中文意思就是"接受别人(Accept)"、"重视别人(Attention)"、"赞美别人(Admire)"。

首先要能够接受别人,这是很重要的。当然接受自己所爱的人没有问题,有时想接受还接受不上。既然强调接受别人就一定要能够接受在常人眼里接受不了的别人,也就是说要能够接受批评和反对自己的人。要接受别人,就需要全面认识别人,一般人都以为好人好接受,"坏人"不能接受,这就是不妥当的。因为任何坏人都是在一定时间、地点和环境下的坏人,所以应当接受任何人,因为任何人都有自己的长处,我们为什么不能去接受他们的优点呢?善待别人就是善待自己,接受别人的同时,别人才会接受你。

其次要自觉重视别人,这也是接受别人的思想基础。发自内心的重视别人,才可以受到别人的重视。重视别人是文明的表示,我们都知道把自己的生命看得很重要,如果我们首先把别人的生命都看得很重要,那么自己的生命才会在别人的眼里也被看得那么重要。我们没有理由让别人先为我或让别人先重视自己,而必须自己先重视别人才行。

第三要学会赞美别人,这是不容易做到的。有的人以为赞美别人就是低估了自己,而侮辱别人才会抬高自己。且不知在大家的眼里,侮辱别人的人是无知而无耻的人。相反,赞美别人的人才是被别人所赞美的。当然,赞美别人也需要真心实意、发自内心,不是虚情假意、冷嘲热讽。赞美别人更不是无原则的赞美,赞美别人的优点是赞美,同时帮助别人修正错误更是变相的"赞美"。

(二)晕轮效应

美国心理学家戴恩·伯恩斯坦曾经做过一项实验,给参加实验的人一些人物照片,这些照片被分为有魅力、无魅力和一般魅力三种,让实验者评定几项与外表无关的特征,如婚姻、职业状况、社会和职业上的幸福等。结果,几乎在所有特征上,有魅力的人都得到最高的评价,仅仅因为长得漂亮,就被认为具有所有积极肯定的品质。这就是晕轮效应。

所谓晕轮效应是指我们在对别人做评价的时候,常喜欢从或好或坏的局部印象出发,扩散出全部好或全部坏的整体印象,就像月晕(或光环)一样,从一个中心点逐渐向外扩散成为一个越来越大的圆圈,所以有时也称为月晕效应或光环效应。

多数情况下,晕轮效应常使人出现"以偏概全"、"爱屋及乌"错误,产生一好百好的感觉。为了防备晕轮效应的不利影响,我们要善于倾听和接受他人的意见、尽量避免感情用事,全面评价他人,理性和人交往。如果想利用晕轮效应的有利面,在与人交往时应采用先入为主的策略,全面展示自己的优点、掩饰缺点,以留给他人尽量完美的印象。

(三) 亲和效应

亲和效应的主要含义是：人们在交际应酬中，往往会因为彼此之间存在着某种共同之处或者相似之处，从而感到相互之间更加容易接近。这种接近会使双方萌生亲密感，进而促使双方进一步相互接近、相互体谅。人们在人际交往中往往存在一种倾向，即对于自己较为亲近的对象，例如，有共同的血缘、姻缘、地缘、学缘或者业缘关系，有相似的志向、兴趣、爱好、利益，或者是彼此共处于同一团体或同一组织的人，会更加乐于接近。我们通常把这些较为亲近的对象称为"自己人"。

一个人如果想要让身边的同事、朋友把自己当成"自己人"，除了本无法改变的血缘外，就要懂得与他人的相处之道。主动让别人对自己产生好感，认同并喜欢自己，就需要拿出"亲和力"。只有这样的人才会把周围的人吸引到自己身边来，才会让别人认同自己，把我们当成"自己人"。

(四) 末轮效应

末轮效应是相对于首轮效应而言的，强调服务结尾的完美和完善，即要"功德圆满"。

末轮效应的主要内容是：在人际交往之中，人们所留给交往对象的最后的印象，通常也是非常重要的。在许多情况下，它往往是一个单位或某个人所留给交往对象的整体印象的重要组成部分。有时，它甚至直接决定着该单位或个人的整体形象是否完美，以及完美的整体形象能否继续得以维持。

末轮效应理论的核心思想，是要求人们在塑造单位或个人的整体形象时，必须有始有终，始终如一。

(五) 零度干扰

零度干扰理论，亦称做零干扰理论。它是空乘服务礼仪的一种重要的支柱型理论。它的基本主张是：服务行业与服务人员在向服务对象提供具体服务的一系列过程之中，必须主动采取一切行之有效的措施，将对方所受到的一切有形或无形的干扰，积极减少到所能够达到的极限，也就是要力争达到干扰为零的程度。

零度干扰理论的主旨，就是要求空乘服务人员在服务过程之中，为旅客创造一个宽松、舒畅、安全、自由、随意的环境。使旅客在享受服务的整个过程里，尽可能地保持良好的心情，真正可以获得精神上的享受。

实践已经证明：一个社会的文明程度越高，其社会成员对于服务领域内的干扰现象便越是难以容忍。一位服务对象的文化程度越高，在其享受服务的整个过程之中便越是不希望受到任何形式的干扰。

总体而言，零度干扰理论的核心，就是要使服务对象在服务过程中所受到的干扰越少越好。作为空乘服务人员应当特别注意以下三个方面。

1. 创造无干扰环境

任何一个服务场所的周边环境，或多或少地都对服务对象构成一定的影响。在某种程度上，机舱环境，实际上也是空乘整体服务的有机要素之一。忽略了这一点，便难以使服务内容尽善尽美，难以使服务水准"更上一层楼"。为旅客创造无干扰的周边环境，主要需要空乘服务人员要讲究环境卫生、重视机舱内陈设、限制噪声。

2. 保持适度的距离

人际距离，一般是指在人与人所进行的正常交往中，交往对象彼此之间在空间上所形成的间隔亦即交往对象之间彼此相距的远近。在不同的场合里和不同的情况下，交往对象之间的人际距离通常会有不同的要求。心理学实验证明：人际距离必须适度。人际距离过大，容易使人产生疏远之感。人际距离过小,则又会使人感到压抑、不适或是被冒犯。总之,人际距离过大或过小均为不当,它们都是有碍于正常的人际交往的。对于空乘服务人员来说,在自己的工作岗位上所需要与旅客彼此之间保持的常规的人际距离,大致上可以分为服务距离、展示距离、引导距离、待命距离和信任距离。

3. 热情服务无干扰

在工作岗位上,空乘服务人员需要为旅客提供热情的服务,本来这完全是不言而喻的,每一位空乘服务人员对此必定都十分清楚。然而从更高的层面来讲,空乘服务人员还务必应当明白,真正为旅客所接受的热情服务,必须把握好具体操作中的分寸。总而言之,真正受到旅客所欢迎的空乘服务人员的热情服务,必须既表现得热烈、周到、体贴、友善,同时又能够善解人意,为旅客提供一定的自由度,不至于使对方在享受服务的过程中,受到空乘服务人员的无意之中的骚扰、打搅或者影响。从根本上来讲,要求空乘服务人员在向旅客提供热情服务时,必须同时具有对对方无干扰的意识,实际上就是要求空乘服务人员在服务过程之中务必要谨记热情有度。

1.3 空乘服务礼仪的基本要求与功能

从工作性质的角度看,空乘服务员与工业企业员工有着较大的区别,两者之间最大的不同就是工作对象,实际上就是服务业与制造业的不同,空乘服务员的工作对象不是物品,而是个人,因此,作为服务业的从业人员,空乘服务人员的工作要求就更高。由于旅客个人感知存在着差异性,因此,旅客对于空中乘务服务的体验也就各不相同,这也就要求空乘服务人员在提供服务的过程中能够充分考虑到旅客的不同需要。

空乘服务的生产过程与消费过程是同时进行的,也就是说空乘服务员提供服务于旅客时,也正是旅客消费服务的时刻,二者在时间上不可分离。由于服务本身不是一个具体的物品,而是一系列的活动或过程。因此,作为负责提供服务的第一线员工,空乘服务人员与旅客的互动行为将严重影响着服务的质量。一名合格的空乘服务员必须要有良好的文化修养和社会知识,具备过硬的服务技巧和能力,才能做好服务。

一、空乘服务礼仪的基本要求

空乘服务有一套非常可行的职业规范要求,服务要能够做到标准化、规范化、程序化、制度化。为此,空乘服务礼仪的基本要求包括以下几个方面。

(一) 文明服务

文明服务是指空乘服务人员在服务过程中,要体现良好的航空企业文化和优异的个人服务素质。

(二) 规范服务

规范服务要求空乘服务、人员为旅客提供标准化、程序化、规范化的服务。

(三) 科学服务

科学服务要求空乘服务人员在服务过程中掌握科学有效的现代服务技巧,有方法、有方式。

(四) 优质服务

优质服务要求空乘服务人员在服务过程中要精益求精,不断地提高自身服务质量,使提供优质服务成为一种习惯。在文明服务的要求中，没有规范服务，就谈不上科学服务、优质服务。科学服务不到位，也就没有优质服务。只有做到了规范服务、科学服务、优质服务，才能提高旅客的满意度及公司的品牌形象。

（五）礼貌服务

礼貌服务是指空乘服务人员按服务礼仪规范要求对旅客的服务。它既是一种特殊的礼节要求，又是礼仪的具体应用，是航空公司的一个重要组成部分。礼貌服务的具体要求包括：

（1）聚精会神、动作规范。聚精会神是空乘服务人员的最基本职业要求，是礼貌服务的前提。动作规范是要求空乘服务人员的操作动作合乎规范。

（2）衣着整洁、合乎规范，是要求空乘服务人员的衣着要干净、整齐、高雅、朴素、规范。合适的着装也是一个空乘服务人员最起码的服务素养。

（3）服务程序化、操作有检查，是指空乘服务人员要严格按照服务程序进行标准化的服务。

（六）主动服务

主动服务是指服务在旅客开口之前，站在旅客的角度，对服务进行模拟体验。主动服务表现了提供服务的企业功能的齐全与完备。主动服务也意味着空乘服务人员在服务工作中要有更强的服务意识和更多的情感投入，在工作的同时给予旅客富有人情味的爱心。

（七）热情服务

热情服务是指空乘服务人员出于对自己从事的职业的肯定认识，拿出十二分的热情来欢迎旅客，对旅客的心理有深切的理解，因而富有同情心、发自内心地、满腔热情地向旅客提供的良好服务。

（八）周到服务

周到服务是指在服务内容和项目上细致入微，处处方便旅客、体贴旅客，千方百计帮助旅客排忧解难。当旅客需要帮助时，伸出你的援助之手。

二、空乘服务礼仪的主要原则

《民航乘务岗位技能实务》中强调，空乘服务礼仪应遵循以下原则：空中乘务员学习、应用礼仪，有必要在宏观上掌握一些具有普遍性、共同性、指导性的礼仪规律。这些礼仪规律，也就是礼仪的原则。礼仪的各原则相辅相成，缺一不可。掌握了这些原则，将有助于大家更好地学习礼仪，运用礼仪。

（一）尊重的原则

在现代礼仪中，尊重原则是最基本原则。是指在实施礼仪行为的过程中，要表现出对他人真诚的尊重，而不是藐视对方。礼仪规范从内容到形式都是尊重他人的具体体现。在人际交往中，不尊重他人的言行，同样也不会赢得他人对自己的尊重，这一点在平日的一句俗语中就可以体会出来："你敬我一尺，我敬你一丈。"只有尊重他人，才会赢得他人更深的尊重。在心理学上对尊重有这样的描述。人们对尊重的需要可以分为两类，即自尊和来自他人的尊重。自尊包括对获得信心、能力、本领、成就、独立和自由的愿望。来自他人的尊重包括威望、承认、接受、关心、赏识等。自尊往往人们容易做到，要获得来自他人的尊重，首先要学会尊重他人。尊重他人是礼仪的重要原则。与人相处，不管对方的地位是高是低、身份如何、相貌怎样，都要尊重他人的人格，使人感到他在你的心目中是受欢迎的，从而得到一种心理上的满足，进而产生愉悦的心情。

（二）宽容的原则

宽容原则的意思是说,要求人们在交际活动中运用礼仪时,不仅要严于律己,更要宽以待人。要多容忍他人,多体谅他人,多理解他人,而千万不要求全责备,斤斤计较,过分苛求,咄咄逼人。美国有一家企业在招收员工时,有一个比较新奇的规定,即在录用期内允许职工犯一个"合理的错误",他们认为一个再谨小慎微的人都会犯一个小小的错误,相反一个不犯错的人,反而被认为在工作上不会有大的成就。对人就应该像这样宽宏大量,决不能求全责备,更不能鸡蛋里挑骨头。在与他人相处的过程中,要容许他人有个人行动和独立进行自我判断的自由。对不同于己、不同于众的行为耐心容忍,不必要求其他人处处效法自身,与自己完全保持一致,在实质上看来也是尊重对方的一个重要表现。

（三）遵守的原则

在交际活动中,不管你的地位如何都必须自觉、自愿地遵守礼仪,以礼仪去规范自己在交际活动中的一言一行,一举一动。对于礼仪,不仅仅要学习、了解,更重要的是学以致用,要将其付诸个人社交实践。如果大家都不遵守礼仪这一原则,就谈不上礼仪的应用、推广。

（四）自信的原则

能够在社交场合中遵守自信的原则,说明其已经具备了一个健康的心理。唯有对自己充满信心,才能如鱼得水,得心应手。自信是交际活动中是一份很难能可贵的心理素质。一个有充分自信心的人,才能在各种交际活动中不卑不亢、落落大方,遇到强者不自惭,遇到艰难不气馁,遇到侮辱敢于挺身反击,遇到弱者会伸出援助之手。而一个缺乏自信的人,就会处处受限制,甚至自惭形秽。值得大家注意的是,自信并不意味着自负。走向自负的极端,就会凡事自以为是,不尊重他人。

（五）自律的原则

自以为了不起、一贯自信的人,往往就会甚至强人所难。礼仪的规范性虽然很强,但它毕竟不是法律,不会由司法机关强制执行。礼仪是待人接物处事的规范,是社会群体日常生活与交往过程中形成的合乎道德及规范的一些行为准则。这些行为规范并不是某一个人或某一个团体所规定的,而是由社会大众一致认可并约定俗成的行为规范。因此,礼仪是靠人自觉来维系的,靠社会舆论来监督的,并被人们逐渐重视起来,从而发展至今形成一门规范的学科。礼仪作为一门学科,需要教育和训练,这样可以更为广泛地在人们心中树立起一种道德信念和礼貌修养准则。这样就会获得一种内在的强大力量。在这种力量下,人们会不断提高自我约束、自我克制的能力,在与他人交往时,就会自觉按礼仪规范去做,而无需他人的提示和监督。

（六）适度的原则

适度原则是指在进行交际时要把握礼仪分寸,根据具体情况、具体情境而行使相应的礼仪,如在与人交往时,既要表现得彬彬有礼,又不能让人感觉是在低声下气;既要表现得热情大方,又不能给人轻浮谄谀的感觉;要自信却不能自负;要坦诚但不能太过于口无遮拦;要信任但不能盲目轻信;要活泼但不能轻浮;要谦虚但不能自卑;要老练沉稳,但又不能圆滑世故。

（七）平等的原则

在人际交往中运用礼仪规范时,要懂得临时变通,因人而异。根据不同的交往对象,采取不同的具体方法。不过,需要强调的是,要尊重交往对象、以礼相待,对任何交往对象都必须一视同仁,给予同等程度的礼遇。不允许在交往中对彼此之间在年龄、性别、种族、文化、职业、身份、地位、财富以及与自己的关系亲疏远近等方面有所不同,就厚此薄彼,区别对待,给予不同待遇。这就是社交礼仪中平等原则的基本要求。

(八) 从俗的原则

从俗的意思是说在交往时,双方都应尊重相互之间的风俗、习惯,了解并尊重各自的禁忌,如果不注意禁忌,就会在交际中引起障碍和麻烦。小到中国,大到全世界,由于各国情、各民族的文化背景的不同,在人际交往中,实际上存在着"十里不同风,百里不同俗"的情况。对这一客观现实要有正确的认识,不要自高自大,唯我独尊,以我画线,简单否定其他人不同于己的做法。必要之时,必须坚持入乡随俗,与绝大多数人的习惯做法保持一致,切勿目中无人,自以为是,指手画脚,随意批评,否定其他人的习惯性做法。遵守从俗的原则的是对他人尊重的一个表现,从俗会使对礼仪的应用更加得心应手,更加有助于人与人之间的和谐。

(九) 真诚的原则

人与人之间的交往是要建立在真诚的原则上,真诚同样也是礼仪上所遵从的原则。真诚就是要求在人际交往中运用礼仪时,务必待人以诚,诚心诚意,诚实无欺,言行一致,表里如一。只有如此,自己在运用礼仪时所表达的对交往对象的尊敬与友好,才会更好地被对方所理解,所接受。与此相反,倘若仅把运用礼仪作为一种道具和伪装,对具体操作礼仪规范时口是心非,言行不一,弄虚作假,投机取巧,或是当时一个样,事后一个样,有求于人时一个样,被人所求时另外一个样,就是有悖于礼仪的基本宗旨的。把礼仪比作"厚黑学"是行不通的。

三、空乘服务礼仪的功能

空乘服务礼仪的功能主要指空乘服务礼仪对个人发展、企业发展及社会进步的作用。一般来说,具有以下几个功能。

(一) 教育功能

礼仪是人类社会进步的产物,是传统文化的重要组成部分。礼仪蕴涵着丰富的文化内涵,体现着社会的要求与时代精神。礼仪通过评价、劝阻、示范等教育形式纠正人们不正确的行为习惯,指导人们按礼仪规范的要求去协调人际关系,维护社会正常生活。让国民都来接受礼仪教育,可以从整体上提高国民的综合素质。

空乘服务礼仪对个人的教育导向作用尤为突出,它不仅反映着空乘服务人员的交际技巧和能力,更反映着空乘服务人员的气质、风度和教养。通过学习空乘服务礼仪,可以提高自身的道德修养和文明程度,更好地显示自身的优雅风度和良好的形象。

(二) 沟通功能

礼仪行为是一种信息性很强的行为,每一种礼仪行为都表达一种甚至多种信息。在人际交往中,交往双方只有按照礼仪的要求,才能更有效地向交往对象表达自己的尊敬、敬佩、善意和友好,人际交往才可以顺利进行和延续。热情的问候、友善的目光、亲切的微笑、文雅的谈吐、得体的举止等,不仅能唤起人们的沟通欲望,彼此建立起好感和信任,而且可以促成交流的成功和范围的扩大,进而有助于事业的发展。

(三) 协调功能

在人际交往中,不论体现的是何种关系,维系人际之间沟通与交往的礼仪,都承担着十分重要的"润滑剂"作用。礼仪的原则和规范,约束着人们的动机,指导着人们立身处世的行为方式。如果交往的双方都能够按照礼仪的规范约束自己的言行,不仅可以避免某些不必要的感情对立与矛盾冲突,还有助于建立和加强人与人之间相互尊重、友好合作的新型关系,使人际关系更加和谐,社会秩序更加有序。

(四)塑造功能

形象塑造是空乘服务礼仪的重要职能。形象真实地体现职业人的个人教养和品位,客观地反映了职业人的精神风貌与生活态度,如实地展现了职业人对交往对象所重视的程度,是职业人所在单位的整体形象的有机组成部分,在国际交往中还往往代表其所属国家、所属民族的形象。形象塑造包括塑造个人形象和组织形象两个方面。

1. 个人形象塑造

所谓个人形象,是指社会公众对个体在遵循礼仪规范方面所表现出来的礼仪修养。个人形象的高低往往反映出一个人教养、素质的高低。维系人们正常交往的纽带前先就是礼仪形象。在人际交往中,其外在的形态、容貌、着装、举止等始终是一种信息,在不知不觉中已经传给了对方,这些信息无疑会或好或坏地影响交际活动的全过程。行为心理学家曾做过一个实验,证明了人们接触的前四分钟是形成人们知觉的至关重要的时间区域。这四分钟的知觉如何,会影响到以后交往的一个相当长的时期,甚至影响交往的全过程。这种知觉效应,心理学上叫"晕轮效应"。应该说,在高度开放的信息时代,在瞬息万变的市场经济条件下,注意你给人的第一印象是相当重要的。也许你正在谋求一份工作,也许你正代表公司与对方谈一笔生意,总之,这其中的第一印象都会成为或成功或失败的一个潜在因素。

当然,由于人们的印象形成过程始于通过感官察觉对方,受主观认识能力和客观复杂性的限制,主客观不可能总是完全一致的,这样就会出现大量不准确的,甚至虚假、错误的印象。这就要求人们自觉地加强修养,有效地运用礼仪规范,准确地表现自我。整洁大方的个人仪表,得体的言谈,高雅的举止,良好的气质风度,必定会给对方留下深刻而又美好的印象,从而引导对方对个人的尊重,或对自己所代表的组织的尊重与信任,最终达到社交的目的。

2. 航空企业形象塑造

航空企业形象塑造:是指航空企业经营理念、企业形象概念在各视觉塑造要素上的具体化。空乘服务礼仪对航空企业形象塑造具有直接影响。

礼仪讲究和谐,重视内在美和外在美的统一。礼仪在行为美学方面指导着人们不断地充实和完善自我并潜移默化地熏陶着人们的心灵。人们的谈吐变得越来越文明,人们的装饰打扮变得越来越富有个性,举止仪态越来越优雅,并符合大众的审美原则,体现出时代的特色和精神风貌。

(五)维护功能

礼仪作为社会行为规范,对人们的行为有很强的约束力。在维护社会秩序方面,礼仪起着法律所起不到的作用。社会的发展与稳定,家庭的和谐与安宁,邻里的和谐,同事之间的信任与合作,都依赖于人们共同遵守礼仪的规范与要求。社会上讲礼仪的人越多,社会便会更加和谐稳定。

1.4 空乘服务礼仪的标准和执行

由于空乘服务人员岗位具有对外的窗口性,空乘人员的言谈举止、仪容仪表是航空公司强调的关键,也是空乘工作的第一项检查内容,整洁的服饰、精巧的化妆、良好的卫生习惯是保持良好职业形象的重要环节。

一、空乘服务人员仪表礼仪的标准

仪表是指乘务员的外表,它包括容貌姿态、着装修饰和行为风度等。仪表能表现一个人的年龄、地位、财富、职业社会和文化,也是一种和平、安定、友好的象征。对初次交往的人来说,仪表又是一种重要的吸引因素,一名乘务员的登记表代表着自身、航空公司和国家的形象,展示着人格、国格和航空公司的信誉与尊严,同时还体现着社会的文明程度、道德水准,反映着民族和时代的风貌。因此,乘务员必须在心理上有一个清醒、强烈的意识。有以下几点要求:

(1) 严格遵守外事纪律,遵守当地的法令、法规及海关规定,维护国家及公司形象。

(2) 未经许可,不得以公司的立场对外发言,与人谈话不得涉及公司和国家的机密,不允许评论所住地的政治、宗教等敏感问题。

(3) 公共场所禁止大声喧哗等不雅举止。

(4) 谈话内容不得涉及个人隐私。

(5) 谈话时要有分寸,注意自己的身份,掌握用词和节制时间,声音高低以对方能够听清楚为宜,避免使用行业术语。

(6) 集体活动场合,不要打瞌睡、伸懒腰、不要随声哼唱。

(7) 对旅客和同事讲话,都要保持礼貌。

空乘人员仪表礼仪又从发型要求、化妆规定、手和指甲、饰物、着装有相应的具体标准,详见后续章节。

二、空乘服务礼仪修养的重要性

修养指一个人在道德、学识、技艺等方面通过刻苦学习、自我磨练和不断熏陶,从而逐渐使自己具有某些素质和能力或者达到一定的境界。

礼仪修养指人们按照一定的礼仪规范要求自己,结合自己的实际情况,在礼仪品质、意识等方面进行的自我锻炼和自我修养。

"空乘服务礼仪修养"指空乘服务人员在思想、道德、学术以及空乘服务技巧等方面勤奋学习和刻苦锻炼,经过长期努力所达到的一种内在的品质和能力。空乘服务礼仪修养的目的之一,是提高修养,使空乘服务人员的言行在工作中,与自己的身份、地位、角色相适应,从而被旅客理解和接受。在工作中,要把角色扮演得恰到好处,礼貌有加、事事得体,并不是容易的事情。因此,空乘服务人员一方面要重视工作角色的定位,增强角色意识,另一方面要加强自己的礼仪修养,以适应多种角色的不同的礼仪要求。

(一) 礼仪修养的重要性

礼仪修养对于空乘服务人员来说是非常重要的,其重要性主要表现在以下两个方面。

(1) 规范礼仪行为。礼仪行为就是空乘服务人员在一定的礼仪意识的支配下,在与旅客之间的交往过程中表现出来的行为。

(2) 培养礼仪品质。所谓礼仪品质是指一定的社会礼仪原则和规范在空乘服务人员的思想和行动中的体现,是空乘服务人员在礼仪行为中所表现出来的比较稳定的特性。

(二) 空乘服务礼仪修养的意义

1. 空乘服务礼仪修养反映了一个国家的形象

来自世界各地的旅客,不可能有较长时间来了解某一地区或者国家,他们往往通过与其首先接触到的空乘服务人员来判断、评价一个国家或一个地区的文明程度和精神风貌。空乘服务人员良好的礼仪修养会产生积极的宣传效果,能为其所在的企业、城市、国家树立良好的形象,赢得荣誉。

2. 空乘服务礼仪修养是航空优质服务的关键

旅客的各种需求中,最注重的是精神上的满足。研究表明,在航空企业硬件设施相同的情况下,影响航空公司服务质量的主要因素是服务意识和服务态度。空乘服务人员"宾客至上"的服务意识,热情友好、真诚和蔼的服务态度,优雅的举止,得体的言谈,会对旅客的心理满意程度产生十分积极的效果,直接使客人在感官上、精神上产生尊重感和亲切感,给旅客留下美好的印象。

3. 空乘服务礼仪修养是解决航空服务纠纷的润滑剂

航空服务工作接触面广,不同国家、不同民族甚至不同个人的信仰与生活习惯都不相同,在航空服务过程中,发生一些纠纷是不可避免的。要处理好纠纷,需要空乘服务人员有较高的礼仪修养水平。无论纠纷是物质性服务引起的还是精神性的服务引起的,也不管是我方的原因还是旅客的问题,处理纠纷的第一原则是有理有节地进行处理。不管发生什么情况,都要发扬"礼让"的精神,以平息事态,不允许有任何与旅客争吵、打斗的不礼貌言行。因为空乘服务人员的不礼貌行为只会激化矛盾,使事态进一步恶化

4. 空乘服务礼仪修养可以改善航空企业内部的经营环境

一个航空企业往往由多个分工不同的部门组成,每个部门之间都存在着相互协作、相互支持的关系。要想建立良好的内部和外部环境,提高自身的知名度和美誉度,就需要航空企业人员之间、部门与部门之间都能够相互支援、相互体谅,遇事能够都从对方的角度着想,在沟通方面注意礼仪和分寸。这样不仅可以调节航空企业员工之间、部门之间的关系,形成相互尊重、团结协作的风气,而且可以减少工作内耗,提高工作效率。

5. 空乘服务礼仪修养利于员工的个人发展

空乘服务礼仪修养反映出一个人的学识、修养、品格、风度,是一个人人格的外在体现。人格是人类社会地位和作用的统一,是一个人做人的价值和品格的总和,因而礼仪修养是个体人生发展的重要内容,不仅能够促进个体人生的发展,而且能够提升个体的人生价值。

三、空乘服务礼仪修养的养成途径

空乘服务礼仪修养不是先天具备的,而是个人后天学习和磨练的结果,每个人都可以通过长期的知识积累、情操陶冶和实际锻炼培养良好的礼仪修养。在培养礼仪修养时,强调实践的作用。与实践相联系是礼仪修养的根本方法。所谓与实践相联系,主要是指积极参与交往实践,空乘服务人员只有在相互交往所形成的礼仪关系中,才能改造自己的礼仪品质。

(一)加强道德修养

道德是调整人们之间以及个人与社会之间关系的行为规范的总和。它是做人的规矩和行为准则。道德用善恶标准进行评价,依靠社会舆论、内心信念和传统习惯以及教育的力量来维系。个人道德修养的内容比较广泛,包括道德认识、道德情感、道德意志、道德信念、道德行为和习惯等,其中最主要的是道德意识修养和道德行为修养。道德意识修养主要是通过学习道德知识,形成正确的道德观念。道德行为的最大特点是自觉性和习惯性。站在时代前列的先进人物,他们的行为都具有高度的道德自觉意识和习惯性,形式主义和违心的道德行为是不会有好效果的,即使眼前有效,但难以持久。因此,要形成良好的品德,就必须加强道德行为的修养。加强道德修养有助于空乘服务礼仪修养的形成。

(二)努力学习文化知识

礼仪学是一门综合性的专门学科,它和公共关系学、传播学、美学、民俗学、社会学等许多学科

都有密切关系,一个人只有具备广博的文化知识,才能深刻理解礼仪的原则和规范。只有具备较高的文化层次,才能更加自如地在不同场合具体运用礼仪。礼仪要准确把握时代发展的脉搏,就必须以先进科学文化知识来孕育。对空乘服务人员来说,不断学习、掌握先进科学文化知识,不断提高服务礼仪修养、顺利实现对旅客服务的需要。在空乘服务过程中,从业人员需要与不同国家、不同民族中各种层次的人打交道,需要处理不同情境下旅客面临的各种问题,因此,为更好对旅客服务,空乘服务人员需要培养高雅的情趣、文明的举止、优雅的气质和风度,培养良好的语言表达能力、审美鉴赏能力、处理复杂问题的应变能力。这就需要空乘服务人员广泛涉猎各种文化书籍,优化内在素质,有意识地广泛涉猎多种科学文化知识,使自己具备见多识广的综合知识素养,提高文学、艺术欣赏能力,提高审美能力。这样,就会有意无意地按照美的规律来认识生活和改造周围的环境,同时,在人际交往中,自己的言行也更具美感。

(三) 广泛学习世界各地礼仪知识,接受礼貌教育

世界各国的礼仪风俗千种万类,我国的各个民族礼节习俗也是各不相同。在空乘服务工作中,如对其他国家或某一具体活动的礼仪知识不了解,只凭以往的经验办事,轻则闹笑话,重则影响工作效果,甚至造成误解。我国几千年的文明,各个历史阶段都有浩繁的有关礼仪的知识,我们应该注意收集、学习和领会各种礼仪知识,以便在实践中运用,久而久之,不但自己在礼仪方面博闻多识,而且在礼仪修养的实践上也能提高到新的高度。

(四) 积极参加礼仪实践

实践是动机和效果由此及彼的桥梁。对礼仪知识的学习,停留在仅仅从理论上弄清礼仪的含义和内容,而不去实践中运用是远远不够的。在提高礼仪修养时,要以积极的态度,坚持理论联系实际,将自己学到的礼仪知识积极运用于社会实践的各个方面。积极投身到实践之中,在文明气氛较浓的环境里去接受熏陶,对增强自己的文明意识、培养礼貌的行为、涤荡各种粗俗不雅的不良习惯、提高礼仪修养水平,是大有好处的。要在空乘服务岗位上,时时处处自觉从大处着眼、小处着手,以礼仪的规范来要求自己的言谈举止,在社交场所多听、多看、多学,通过各种人际交往的接触强化,不断提高自己的礼仪修养。

(五) 养成良好的行为习惯

礼仪是人们交际活动中的一种行为模式。这种行为模式只有通过长期的自觉练习,变成自身一种自动的动作,形成习惯,才能在交际活动中更好地发挥作用。礼仪修养实际上就是人自觉用正确的思想战胜不正确的思想,用良好的行为习惯纠正不良行为习惯的过程。检验一个人的礼仪修养如何,很重要的一条标准就是看他是否已把交际礼仪规范变成自身个性中的稳定成分,是否能在各种交际场合自然而然地遵循交际礼仪要求。

良好的礼仪修养本身就能体现一种美。它能使空乘服务人员日趋完善,进而产生积极的态度和行为。礼仪的美主要有仪表美、精神美、言行美、环境美等。这些基本方面构成了航空服务礼仪美的整体形象。

第2章 空乘人员职业形象

职业形象是个人职业气质的符号,因此职业形象要达到几个标准,即与个人职业气质相契合、与办公室风格相契合、与工作特点相契合、与行业要求相契合。个人的装扮要做到在展现自我的同时尊重他人。良好的职业形象不仅能够提升个人品牌价值,而且还能提高自己的职业自信心。

总体而言,人的外在形象可以分为好看和不好看两种。长相、皮肤、身材等是与生俱来的,先天条件好的人在服饰和装扮上有很多便利,但掌握形象设计和合理装扮的技巧可以改善先天条件的不足,使得不好看的形象变得好看起来。

空乘人员在人们的心目当中,应该是以面目姣好、皮肤白皙、形体修长、服饰整洁、装扮清丽的形象出现,代表了大多数人在视觉感官上的追求。空乘人员是属于服务行业的从业人员,光有漂亮的外表显然是不够的,还必须具备良好的从业素质。

2.1 仪表礼仪

仪表是指人的外表,它包括人的形体、容貌、姿态、举止、服饰、风度等方面,是人举止风度的外在体现。风度是指举止行为、接人待物时,一个人的德才学识等各方面的内在修养的外在表现。风度是构成仪表的核心要素。

《礼记·冠义》中称:"礼仪之始,在于正容体,齐颜色,顺辞令。"这就告诉我们,礼是从端正容貌和修饰服饰开始的。一个有良好修养的人通常是体态端正、服饰整洁、表情自然、言辞得体的。这既是内在修养的流露,也是尊敬他人的表现。注重自身外在美的修饰不仅维护了个人自尊,也体现出对他人的尊重。

一、皮肤保养

(一)了解皮肤

皮肤像一张不透水的韧膜,富有弹性和活力,它完整地覆盖在人体的表面,对人体起着良好的屏障作用,它还具备调节体温、呼吸等功能,又有良好的吸收营养和新陈代谢、排毒作用。

人的皮肤由表皮、真皮和皮下组织三部分组成,皮肤内还有许多毛孔、毛发、皮脂腺、汗腺、血管、神经等。

化妆主要是针对表皮层,表皮的最外侧是角质层,最里面的一层是基底层。基底层的基底细胞具有较强的分裂能力,一般每12天分裂一次,并逐渐向表层推移和分化,递变为表皮的各层细胞,随后变成角质层,最后角质层的细胞老化脱落,这就是皮肤新陈代谢的整个过程,一般需要28天左右时间。

(二)皮肤的类型

1. 油性皮肤

皮肤表面脂肪分泌较为旺盛,呈现出油亮的光泽皮肤纹路粗、毛孔较大;不易产生皱纹,但由于油脂多容易脏,易堵塞毛孔而引起粉刺、痤疮等皮肤问题,影响美容。一般男性皮肤比女性偏与油性的概率要大些。所以,油性皮肤保养的重点是保持皮肤清洁,调节皮脂分泌。

1) 洁面

选择去除油性污垢能力强的清洁霜卸妆,然后用中性或偏碱性的香皂热水洗涤。一般每天洗脸3次,用温水洗后,最好再用冷水洗一遍,使面部血管收缩,减少皮脂的分泌。洗脸后也可用热毛巾反复湿敷面部,使毛孔开放,从而有效地去除油污。

2) 护肤

洗脸后,用收敛性化妆水整肤,然后用清爽的营养乳液或面霜来保养皮肤。油性皮肤不宜过多使用化妆品,特别是油性化妆品,最好选用含水分较多的护肤品。

3) 饮食

宜选用良性、平性食物,如冬瓜、丝瓜、白萝卜、胡萝卜、竹笋、大白菜、小白菜、卷心菜、莲藕、黄花菜、荸荠、西瓜、柚子、椰子、银鱼、鸡肉、兔肉。

应避免吃会增加皮脂分泌的动物油,如脂肪多的牛、猪、羊肉和奶油等食品;不宜食用易于使皮肤凝固的食物,如辣椒、辣酱等。

吃饭前喝一杯菜汁;不吸烟,不饮酒。

2. 干性皮肤

皮肤表面脂肪分泌较少,缺少水分,干燥而缺乏光泽,毛孔细而不明显,易起细小的皱纹,手感粗糙,对外部刺激的抵抗力较低。这种皮肤在寒风烈日、空气干燥的环境和持续在空调环境工作情况下,皮肤缺水的情况会更加严重。如长期不加以护理会产生皱纹,所以干性皮肤必须通过适当的皮肤护理促使其恢复正常生理功能,以防未老先衰。

1) 洁面

宜选用不含碱性物质的膏霜型洁肤品,可选用对皮肤刺激小的含有甘油的香皂,不要使用肥皂洗脸;有时也可不用洁肤品,直接用清水洗脸。

2) 护肤

每天早晚都要涂足量的营养性化妆水、乳液、营养霜。每周1～2次可选用适合干性肤质的补水保湿面膜,补充必需的水分和油分,延缓皮肤衰老。

3) 饮食

要多食用一些含维生素A的食物,因为维生素A可以促进皮肤的分泌,使皮肤保持滋润。应多食牛奶、牛油、猪肝、鸡蛋、鱼类、香菇、南瓜、黑豆、黄豆、赤小豆、海藻类等碱性食品。多食用具有活血化瘀及补阴类中药,如桃花、桃仁、当归、莲花、红花、枸杞子、百合、桑椹等。

3. 中性皮肤

皮肤油脂分泌适中,表面红润、光滑、有弹性、有光泽、不粗不黏,是比较理想的皮肤类型。

1) 洁面

选择对皮肤有滋润作用的香皂,每日清洗面部两次。

2) 护肤

坚持每天按时保养,保持心情舒畅的良好状态,使皮肤处于一种不松不紧的状态。

3) 饮食

要注意补充皮肤所必须的维生素和蛋白质,如水果、蔬菜、牛奶、豆制品等;避免烟、酒及辛辣食物刺激。

4. 混合型皮肤

面部额头、T形部位、下巴属油性,而其余部位为干性的皮肤。

1）洁面

注意清洁，选择控油、深层清洁的洁面产品。

2）护肤

做好肌肤的补水工作，因为油多，所以要补更多的水，保持水油平衡。每周 1~2 次可选用自制或清爽型的面膜。即使是夏天，也要涂上保湿的乳液或霜。

3）饮食

少吃油炸食品，多吃新鲜水果、蔬菜；也可利用运动来达到出汗排毒的效果。

5. 过敏性皮肤

通常较为干燥，表皮薄，皮下微血管易见并容易破裂，常有斑疹或发痒现象，尤其对空气中的花粉或化学品等产生明显的不适反应。皮肤敏感的女性人群占多数，男性皮肤敏感的比较少。

1）洁面

购买护肤品可以选择药妆品牌的清洁产品，因为药妆的刺激性小，以温泉水为主，很适合敏感性的肌肤。一天内洗脸次数不宜多，两次即可。过度清洁皮肤容易造成肌肤缺水反而让油脂分泌更快、更多。

2）护肤

夏日应尽量减少化妆的次数，避免使用油性或粉质化妆品，这类产品会造成毛孔堵塞。避免在阳光下暴晒，紫外线不仅会造成皮肤的损伤，也会令汗腺和皮脂腺分泌活跃，阻塞毛孔造就痘痘，因此要注意防晒和保湿。过度的清洁和护理会导致皮肤变薄也会引起过敏，因此在平时清洁皮肤的时候尽量减少摩擦。选择高水分的护肤品，谨慎选择含有酒精类的护肤品。

3）饮食

多补充维生素 C，如葡萄、沙棘、刺梨、猕猴桃、柑橘、酸枣、鲜枣、山楂、油菜、小白菜、香菜、番茄、茼蒿菜、菠菜、圆白菜、芹菜、生菜；少吃刺激性食物，如海鲜等。

二、化妆

化妆就是通过使用丰富的化妆品和工具，正确运用色彩，采用呵护规则的步骤和技巧，对面部五官及其他部位进行渲染、描画、整理，以加强立体效果、调整形色、表现神采，从而达到美容的目的。"欲把西湖比西子，淡妆浓抹总相宜"。化妆是一种历史悠久的美容技术。在中国古代化妆被称为"妆点"、"香妆"、"装饰"。从历代仕女图中可以看出，中国古代在化妆方面非常讲究。而国外的化妆则起源于古埃及，古代埃及人在眼睛周围涂上墨色，以使眼睛能避免直射日光的伤害；在身上涂上香油，以保护皮肤免受日光和昆虫的侵扰等。其人们熟知的"埃及艳后"克丽佩托娜是化妆史上的代表人物。随着时代的发展，社会的进步，化妆也经历了不断的更新和发展。在现代生活中，化妆已经成为现代女性的必修课程。空乘人员，常常被称作是美的化身，是美丽的代言人，学习化妆技巧，是空乘人员的必需。

（一）客舱化妆的基本原则

化妆可分为基础化妆和重点化妆。基础化妆指的是整个脸部的基础敷色，包括清洁、滋润、收敛、打底与扑粉等，具有护肤的功效。重点化妆指的是眉、眼、睫、颊、唇等器官的细部化妆，包括画眼影、眼线、刷睫毛、涂鼻影、擦腮红、抹唇彩等。

化妆的方法有日常的一般化妆法，适应各种场合需要的特殊化妆法，以及简捷快速的速成化妆法等。通常妆容有晨妆、晚妆、上班妆、舞会妆、少女妆、主妇妆、结婚妆等多种形式。一般要求空乘人员客舱服务时应当化淡妆，简约、清丽、素雅，具有鲜明的立体感，清淡而又传神，不能过分地突出性别特性，不过分地引人注目。

空乘人员在执行航班任务时应当避免出现残妆,维护妆面的完整性就是一个很必要的工作。在用餐、喝水、工作之后,一定要及时补妆。妆面的深浅不一、残缺不堪会破坏空乘人员在乘客心目中的专业形象。但是空乘人员在执行航班任务时也应避免当众补妆。在客舱这个特殊环境下当众化妆或补妆都很不庄重,使乘客觉得她们对待工作用心不专,同样也有损空乘人员的专业形象。

(二) 客舱化妆的一般程序(十步骤)

1. 护肤

化妆之前,先将脸洗净,清洁皮肤是化妆的第一步。没有妆的面部可直接进行清洁,但对于化过妆的面部则要先卸妆再清洁,否则将影响皮肤健康。第二步用化妆水为皮肤补充水分。第三步涂上润肤霜或是润肤露,这一步很关键,好的润肤霜会在涂粉底之前为化妆过程打下一个好底,这样在进行后续的步骤时,脸上不会起干皮,并且可以使皮肤看起来晶莹剔透。

2. 饰底乳

首先,把豆粒大小量的饰底乳(图2.1)点在脸上,均匀涂抹,注意控制量,不能用多。紫色的饰底乳比较适合东方人偏黄的皮肤。绿色和蓝色的饰底乳有遮瑕效果,适合面部有斑点或瑕疵的人使用。白色则比较适合裸妆使用。但是往往有很多女性在化妆时会忽略这个重要的步骤。

图2.1 饰底乳

3. 涂抹粉底

洁肤和润肤之后涂抹粉底(图2.2),这是化妆的基础,要在化妆的其他步骤之前进行。用比饰底乳多一倍的量均匀涂抹在脸部,不仅对整体面色进行修饰还包含对面部结构和鼻子的修饰,尤其注意眼部、头发与额头的交界处都要均匀涂抹。

图2.2 粉底液

4. 遮瑕膏

用小刷子轻轻刷在面部瑕疵以及周围,以盖住瑕疵、痘痘。另一种用法是把遮瑕膏(图2.3)涂抹在双眉之间到鼻子三分之一处以及眼睛的下面,以遮盖黑眼圈,起到提亮的作用。

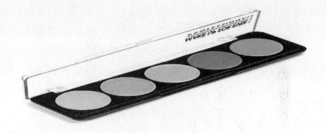

图 2.3　遮瑕膏

5. 粉饼

用粉扑均匀地轻轻拍打在脸部和头部的裸露部分。如果完成以上步骤后,妆容已经达到理想效果,该步骤可以省去,直接进行下一步骤,如图 2.4 所示。

图 2.4　粉饼

6. 定妆

将散粉扑在涂过粉底的皮肤上,可增强粉底在皮肤上的附着力,保持妆面长久,还可以吸收汗液和皮脂,减少粉底的油光感,使皮肤显得细腻爽滑。用蘸有散粉(图 2.5)的粉扑轻轻在皮肤上拍按,使散粉在皮肤上与粉底总分融合,最后用粉刷扫掉多余的浮粉。

图 2.5　散粉

7. 眼睛的化妆

1) 画眼影

使用眼影(图 2.6)是为了通过色彩来修饰和美化眼睛,表现眼部的立体结构。可以根据不同的服装颜色、肤色、季节以及眼部的特点选择颜色的搭配。画眼影的时候要注意色彩的过渡,眼影要和眉毛、鼻侧影柔和地连接,使整个眼部有立体感。为了凸显立体感的效果,完妆后还可以在眉骨、鼻梁处扫上一层白色的散粉。

2) 画眼线

为保持眼线的清晰和干净,画眼线应在画眼影之后进行。有一些女性不喜欢上眼线,但其实画

图2.6　眼影

眼线和画眼影同样是美化眼睛的重要手法,上一层好的眼线可以让眼睛显得更亮。用眼线笔(图2.7)在上下睫毛根部的空当中点眼线,这样看上去会比较自然。下眼线用白色的眼线笔画,可以使眼睛看上去更大,增强眼睛的魅力。

图2.7　眼线笔

3)画眉

古代中国就非常注重眉部的修饰,以峨嵋来描写古代妇女的容貌。眼睛是心灵的窗户,那眉毛就是这扇窗的外框。画完眼影和眼线之后再用眉刷刷眉粉,效果更加自然,可使眉毛的位置和描画更容易把握,从而更好地发挥眉对眼的映衬作用。眉毛的设计要根据个人的脸型、眼形、性格以及工作环境的不同加以修饰,以发挥其对于整个面部的神态表情和眼睛的烘托作用。第一次画眉可以请专业人士予以指导,下次自己就可以按照已修好的眉型进行打理。眉笔如图2.8所示。

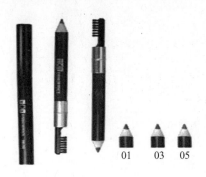

图2.8　眉笔

4)涂睫毛膏

在涂睫毛膏之前先用睫毛夹将眼部睫毛夹住并向上翘起,使睫毛形成自然的上翘曲线,但不要用力过猛,造成睫毛折断,然后涂上睫毛膏(图2.9),增加眼睛的生动性和立体感。这一步要放在整个眼部化妆的最后,因为睫毛膏没干时容易蹭在皮肤上而弄脏妆面。

图2.9 睫毛膏

8. 涂腮红

通过腮红(图2.10)的修饰可以达到增加面部的红润感和修正脸型的效果,给人精神焕发的印象。选择与眼影、唇膏相似的腮红颜色,扫在颧骨和颧弓下凹陷的结合处。为进一步达到和谐的整体效果,可将粉刷上余下的腮红轻扫在整个面部的外轮廓上。

图2.10 腮红

9. 唇部的修饰

使用唇膏可以增强面部色彩,调整肤色,先涂上润唇膏(图2.11),在唇正中点上唇彩,再抿一下。色彩应与肤色、服装的颜色以及整个妆面的色调统一。需要注意的是唇彩不要涂满整张嘴。

图2.11 唇膏

10. 妆面检查

化妆完成后,要近距离及远距离、全面、仔细地查看妆面的整体效果:妆面有无缺漏和碰坏的地方,是否整齐干净;妆面各部分的晕染是否有明显的界线;眉毛、眼线、唇线及鼻影的描画是否左右对称,浓淡平衡,粗细一致;眼影色的搭配是否协调,过渡是否自然柔和;唇膏的涂抹是否规整,有无外溢和残缺;腮红的外形和深浅是否一致。

由于带妆时间长,在客舱长时间执行任务的空乘人员,可在检查完妆面之后再用蜜粉固定一次,以保证妆面的持久,并注意在工作间隙做到及时补妆。

(三) 空乘人员面部修饰要求

男士面容修饰的最基本要求是应养成每天剃须的良好习惯。女士的要求则复杂一些：空乘人员在执行航班任务时,化妆应以淡雅、清新、自然为宜；工作妆决不可浓妆艳抹,口红也不可涂得过于鲜红；在飞行中应注意随时补妆,可以给旅客一种饱满的精神状态。

空乘人员在面部修饰时要注意卫生问题,认真保持面部的健康状况,防止由于个人不讲究卫生而使面部经常疙疙瘩瘩的或长满痤疮。注意面部局部的修饰,保持眉毛、眼角、耳部、鼻部的清洁,不要当众擤鼻涕、挖耳孔；注意口腔卫生,坚持刷牙、洗牙,在上飞机的前一天不吃带异味的食物。

三、化妆品

(一) 常用的化妆品及化妆工具

1. 护肤化妆品

护肤化妆品用于清洁皮肤,补充皮脂不足,滋润皮肤,促进皮肤的新陈代谢等,包括粉质膏霜、液体膏霜两类。液体膏霜可分成水质膏霜、油质膏霜。而油质膏霜又根据含油多少,有"油包水型"和"水包油型"两种。

2. 毛发化妆品

毛发化妆品用于头发,使其保持天然、健康、美观的外表,以及修饰和固定发型,包括护发、洗发和剃须用品,如头蜡、生发油、发乳、香波等。

3. 美容化妆品

美容化妆品在化妆修饰时使用,用于修饰容貌,发挥色彩和芳香效果,增进美感,包括唇膏、指甲油、香粉等。

4. 卫生用品类化妆品

卫生用品类化妆品包括花露水、香水精、爽身粉等。

5. 口腔卫生用品

口腔卫生用品用于清洁口腔和牙齿,消炎并祛除口臭。

6. 药物化妆品

药物化妆品,具有各种不同疗效作用,可以预防、消除美容缺陷,用于育发、染发、烫发、脱毛、丰乳、健美、除臭、祛斑、防晒等,如粉刺霜、雀斑霜、减皱霜、人参霜等。

7. 专业化妆工具

专业化妆工具,包括眉笔、眉夹、眉剪、修眉刀、眉饼、眼影粉、假睫毛、睫毛膏、睫毛夹、粉扑、粉底、散粉、套刷(轮廓刷、眉刷、腮红刷、眼影刷)、腮红、唇彩、唇膏、唇线笔等。

(二) 化妆品的成分

1. 基质

化妆品基质是组成化妆品的基本原料。基质主要是由油性原料和水组成。油性原料包括油脂类、蜡类、碳氢化合物以及组成这些成分的高级脂肪酸和高级脂肪醇类。常用的膏霜类基质是由油脂和水,在乳化剂作用下乳化制成的。涂用后,在皮肤表面形成的脂膜,具有滋润皮肤和抑制表皮水分过度蒸发的作用,能增加皮肤吸水能力,柔软皮肤,可以防止皮肤干燥皲裂。

2. 防腐剂

为防止化妆品存放变质,化妆品中都添加防腐剂。防腐剂的成分分成三类:抗微生物剂、抗氧化剂和紫外线吸收剂。

3. 香料

在常温下能发出芳香气味的有机物质称为香料,包括天然香料和人造合成香料。香料可以掩盖某些原料的不良气味,遮盖皮肤的汗味和腋臭。无论天然香料或人造合成香料,一般均不能单独使用,而是把若干种香料调配在一起使用。若干种调配在一起的香料称为香精。化妆品添加香精后,具有诱人的香味,能使人心情愉悦,提神醒脑。

4. 保湿剂

保湿剂的作用是在皮肤表面形成一层薄膜,将水分密封在皮肤内以防止水分蒸发,同时不妨碍皮肤对于空气中水分的吸收,从而保持皮肤适当的湿度。尿素和尿囊素是护肤化妆品中最常用的保湿剂。

5. 色素

色素包括天然色素、合成色素和无机色素。色素可以掩盖原料的颜色,增加化妆品的魅力,所以几乎所有化妆品均含有色素。

6. 水溶性高分子化合物

水溶性高分子化合物通常包括天然、半合成、合成三大类,具有胶体保护、增稠、乳化、分散、成膜、黏合、保湿、泡沫稳定等作用。

7. 表面活性剂

表面活性剂分为离子型和非离子型两类,具有乳化、洗涤、增溶、湿润、分散、发泡、润滑、杀菌、柔软、抗静电等作用。一般说来,表面活性剂的使用和选择是现代化妆品制造 技术的关键。

8. 金属离子

加入少量的整合剂可延长化妆品结构支架的寿命,提高化妆品的质量,常见的有 EDTA 及盐、柠檬酸等。

9. 化妆品用药物

常添加的天然药物有人参、珍珠、灵芝、鹿茸、当归、银耳、胎盘、白芷、泽泻等,其他还有祛斑、粉刺、减肥、美白等药物。

(三)世界十二大化妆品品牌简介

1. 兰蔻 LANCOME

1935 年,Armand Petitjean 创办了 LANCOME,名称构想来自于法国中部的一座城堡 LAN-COSME。兰蔻是法国国宝级的化妆品品牌,拥有世界上最强大的研究设施作为后盾,这些给予了兰蔻他人所没有的皮肤方面的知识、掌握了皮肤活动的机理及特殊的需求。由于有独有的经验作为后盾,LANCOME 能够开发出高技术的集功效、舒适感、安全性及创造性于一体的产品。自创立伊始,LANCOME 就以一朵含苞待放的玫瑰作为品牌标记。

2. 碧欧泉 BIOTHERM

BIOTHERM 的生物学家们在研究温泉对人体的疗养功效时,在法国山中的矿泉发现了独特的活性成分,从二十年前的研究、申请生物制造过程的专利至今一直在不断地研发。BIOTHERM 肌肤保养产品,是奠基在矿泉活性萃取精华(PETP)的舒缓功效,矿泉水的浓缩萃取使肌肤保养更加有效。

矿泉活性萃取精华为科学界所认可与支持,因为它有与肌肤细胞相近的生物特性,具有卓越的天然平衡与舒缓肌肤的能力。它的活性成分并富含微量元素、矿物盐及蛋白质。BIOTHERM 再结合了其他纯净的活性成分,成功开发出最适合肌肤每天使用的护肤产品,使肌肤更美丽。

3. 娇韵诗 CLARINS

CLARINS 是产自法国的世界著名品牌,CLARINS 产品销售欧洲、美国、日本等许多国家。CLARINS 自创立之日起,就坚持纯植物护肤的研发理念,以生产丰胸、纤体、瘦身等功能性化妆品而著称,可称功能性化妆品的第一品牌,正因其产品的有效性,才奠定了其在世界化妆品行业的显著地位。据全球用户的总体反馈,其效果良好。

4. 雅诗·兰黛 ESTEE LAUDER

第二次世界大战以后,一个小公司诞生于纽约,主要出售四种护肤品。它就是由雅诗·兰黛和约瑟夫·兰黛建立的雅诗·兰黛公司的前身,并在纽约第五大道知名的 Saks 百货设立了第一个 ESTEE LAUDER 专柜。ESTEE LAUDER 现在已经发展成为全球最大的护肤、化妆品和香水公司,并且仍在不断拓展业务。其旗下还有其他鼎鼎大名的分支品牌,如倩碧、阿拉米斯、波比·布朗、马克、原创、简、唐娜·卡兰等。ESTEE LAUDER 公司大约有 12000 名雇员,除美国以外,其化妆品也在澳大利亚、比利时、加拿大、英国和瑞士生产。

5. 欧莱雅 L'OREAL

作为财富 500 强之一的欧莱雅集团,由发明世界上第一种合成染发剂的法国化学家欧仁·舒莱尔创立于 1907 年。历经一个多世纪的努力,今天,欧莱雅已从一个小型家庭企业跃居称为世界化妆品行业的领头羊。巴黎欧莱雅是欧莱雅集团旗下知名度最高、历史最为悠久的三大大众化妆品品牌之一。巴黎欧莱雅分布在法国、美国和日本的专业研究室拥有超过 2700 名科学家和技术支持人员。频繁见诸于各大科技报刊,巴黎欧莱雅已研究开发出数以万计的专利配方(仅 2000 年一年就达 420 项)。

巴黎欧莱雅致力于探索将精华成分送达肌肤深处的最佳方法,以达到肌肤平衡的理想状态。巴黎欧莱雅研究中心不断创新,现正致力于开发全新的彩妆科技:通过光线的自然变化规律带来色彩的缤纷变幻。巴黎欧莱雅近百年的染发经验,堪称国际染发界权威。

6. 雅芳 AVON

1886 年,"雅芳之父"大卫·麦可尼创立"加州香芬公司"(the California Perfume Company)。1939 年,麦可尼先生以莎翁故乡一条名为"AVON"的河流重新为公司命名。一百多年来,雅芳人一直恪守着"信任、尊重、信念、谦逊和高标准"的雅芳价值观。如今,雅芳已发展成为世界上最大的美容化妆品公司之一,拥有 43000 名员工,通过 440 余万名营业代表向 145 个国家和地区的女性提供两万多种产品。雅芳的发展是和国际化同步的,其销售总额的 60% 来自于海外。

7. 迪奥 Christian Dior

DIOR(CD),全名为 Christian Dior,一位无懈可击的时尚缔造者,一个万众瞩目的香氛品牌。DIOR 是法国经典品牌,以做高级时装起家,自 1947 年首次推出香水 Miss Dior 后,现已全面进军美容领域,经营护肤、彩妆、香水系列。经典与高贵是 DIOR 的代名词,如今,DIOR 更是时尚和创新的代表之一。其产品在护肤品方面结合了创新发明与尖端科技,拥有国际一流实验研究中心,所有产品从实验室到销售专柜皆经过严格的品质监控。

8. 希思黎 SISLEY

SISLEY 这个享有盛誉的化妆品品牌,是 1976 年由法国贵族多纳诺伯爵与波兰皇族后裔血统的伯爵夫人,以"科学印证植物美容的传说"为理念所创立的一个家族式的贵族化妆品品牌。SISLEY 化妆品品牌提出"纯植物美容学"概念、采用最精纯成分,其所有产品均以植物萃取精华与植物香精油作为主要成分,配以独特配方研制而成,并坚持产品在上市前必须经过300名皮肤科医师的测试,包装上必须名符其实地被许可标示"经过敏与敏感测试"及出自法国原产。所以,SISLEY产品带给肌肤自然、安全、有效的承诺,不但成为敏感性、过敏性肌肤所衷心信赖的化妆品,其口碑也令SISLEY成为欧美上流社会钟爱的贵族化品牌。整个品牌非常低调,顾客群也只限于一些上流贵族圈。直至20世纪末,SISLEY才开始在全球范围内公开发售。

9. 倩碧 CLINIQUE

20世纪60年代后期,人们对肌肤的美丽的概念仅限于一句当时普遍推崇的智理格言——"女性拥有的是与生为俱一成不变的肌肤。"直到有一天,一位杂志主编提出"女性应该正视她们的肌肤"的言论后,人们才开始惊觉,原来肌肤完美可以重塑。这一年是1967年,这位主编就是美国VOGUE杂志的特刊主编Carol Philips女士。这位VOGUE杂志的主编日后成为了化妆品界奇葩——倩碧化妆品公司的创始人。Carol女士不仅创造了倩碧品牌,而且也使倩碧为美容业注入了新的内容与活力。

CLINIQUE的名字和品牌的概念源于法文"医学诊所",是ESTEE LAUDER集团的另一重量级品牌,以过敏度低、不含香料、无刺激的护理理念闻名于世。CLINIQUE在美国、英国均是销量第一的高档化妆品品牌。

10. 圣罗兰 YvesSaintLarent

伊夫·圣罗兰先生出生于1936年8月1日。他的家境富裕,祖先多从事法律相关事业,也有曾被封为男爵的,父亲从商拥有保险事业及电影制作事业,因此从小在家中就可以从经常的晚宴中接触到许多时装服饰。

1964年,伊夫·圣罗兰推出了圣罗兰第一支香水,以其名字第一个字母"Y"命名,之后也推出不少作品,圣罗兰香水的特色在于明显区分使用者的个性和生活方式,而且命名也极富争议性,例如鸦片香水的东方调,巴黎、香槟香水的法国浪漫,香槟香水甚至遭到法国酒商的控告,不仅赔钱,还要改名字。其中最著名的应该是鸦片香水,是圣罗兰第一瓶世界级的香水,也是第一瓶突破传统命名的香水,不仅名字诱惑,而且香水瓶造型参考中国鼻烟壶造型,暗红色设计,充满危险与神秘的诱惑力,香味是东方辛辣调,完全的异国风味,是东方调的经典之作。

圣罗兰主要的香水有左岸(RiveGauche1971)、鸦片(Opium1977)、巴黎(Paris1983)、香槟(Champagne1993),男性香水有圣罗兰(YSLPourHomme1971)、Kouros(1981)、爵士(Jazz1988)、鸦片男性香水。

11. 香奈尔 CHANEL

创始人Gabrielle Chanel于1913年在法国巴黎创立香奈尔,以交叉的两个C为品牌标识。香奈尔和DIOR一样以高级成衣起家,其产品种类繁多,有服装、珠宝饰品、配件、化妆品、香水,每一种产品都闻名遐迩,特别是她的香水与时装。

12. 日本 SK-II

SK-II是日本的品牌。20世纪90年代起,SK-II从MF(MAX FACTOR,蜜丝佛陀)公司独立出来,定位为高级保养品牌。其专利成分PITERA,提取自米酒的天然酵母。其中著名的产品有护肤精华露(又称神仙水),内含高达90%以上的PITERA,能调整肌肤的pH值,促进细胞的抵抗力,帮助肌肤恢复天然的水油平衡。

(四)化妆用品简介

按美容化妆的专业需要区分,常用的美容化妆品可分为洁肤类、护肤类和粉饰类三大类。

1. 洁肤类

1）洁面皂

洁面皂是大家普遍使用的洁肤品，其特点是质地细腻、性质温和、泡沫丰富、去污力强、价格相对较低，是一种家庭常用的传统洁肤品。

2）洁面霜

洁面霜内所含油分和表面活性成分，去污力强。洁面霜常用于化妆皮肤和油脂较多的皮肤清洁，是清除粉饰类化妆品的最佳用品。

3）洗面奶

洗面奶是一种性质温和的液体软皂，主要是利用表面活性剂清洁皮肤，对皮肤无刺激，适合于卸妆后或没有化妆的皮肤使用。

4）卸妆液

卸妆液性质温和、清洁效果好，对皮肤刺激小，多用于眼部和唇部的卸妆。

5）卸妆油

卸妆油是卸油彩妆及浓妆的第一道清洁剂，清洁效果好，但对皮肤有一定的刺激。

2. 护肤类

1）化妆水

化妆水又被称为营养水、滋润液等。化妆水的主要作用是补充皮肤的水分和营养，使皮肤滋润舒展，平衡皮肤酸碱度同时还具有收缩毛孔、防止脱妆的作用。化妆水的种类很多，有滋润化妆水、柔肤性化妆水、收缩性化妆水和营养性化妆水，要根据化妆的需要和皮肤的性质进行选择。

2）润肤霜

润肤霜可保持皮肤的水分平衡，提供皮肤所需营养，并会在皮肤表面形成一层保护膜，将化妆品与皮肤隔开。

3. 粉饰类

1）饰底乳

每一种饰底乳都有打亮和遮瑕的作用，比单用粉底效果更为卓著。饰底乳（修饰蜜）具有从底层修饰肤色的效果。在上底妆前使用修饰乳（饰底乳）或遮瑕品，有修正肤色的作用。不同颜色的修饰乳各具有不同的功用：觉得肤色不均时，可以使用"肤色"饰底乳来均匀肤色；惨白无气色的肌肤，"粉红/杏桃色"可增加脸色红润；肤色显得泛黄时，"蓝或紫色"是让肌肤白皙透明的最佳选择；"黄色"饰底乳具有遮盖黑眼圈或小斑点、痘疤的功效；痘痘肌或鼻翼两侧，可使用"绿色"来调和泛红的肤色。

2）粉底

粉底具有遮盖性，可遮盖皮肤的瑕疵，调整肤色，改善皮肤的质地，使皮肤显得光滑细腻。通过粉底的深浅变化还可以增强面部的立体感。粉底的种类很多，有粉底液、粉底霜、粉条、粉饼和遮瑕膏等。

3）遮瑕膏

遮瑕膏可视作为粉底的一种。不同之处在于遮瑕膏比普通粉底具有更佳的遮盖力，且更贴合肌肤，持久不易脱妆。每个人的脸上都会有这样那样的瑕疵，运用遮瑕可以让你的脸重现光滑细致。遮瑕膏的种类通常有三种：液状、膏状和条状。液状和条状的遮瑕膏遮盖效果较佳，但是上妆技术必须熟练；膏状遮瑕膏的遮盖能力较低，但是因为质地清爽，反而容易创造出自然的妆容。一般情况下多为固体，但是黏度各不相同。可以根据自己的需要，选择大面积使用或用于局部的产品。

4）粉饼

粉饼，由多种粉体原料（包括颜料）及黏合剂（油脂成分）经混合、压制而成的饼状固体美容制品，具有遮盖、附着、涂展、赋色、修饰的功能，视使用方式的不同分为干用、湿用及干湿两用型。此类产品多具清凉感而大多用于夏季。

5）散粉

散粉是颗粒细致的粉末。散粉在涂抹粉底后使用，目的是使粉底与皮肤的黏合更为牢固，还可调和皮肤的光亮度，吸收皮肤表面的汗和油脂，使皮肤爽滑，减少粉底的油腻感。

6）眼影

眼影用于美化眼睛，具有增加面部色彩，加强眼部的立体效果、修饰眼形的作用。常见的眼影有粉状眼影、膏妆眼影和笔状眼影。

7）眼线笔

眼线笔和眼线液都是用于调整和修饰眼部轮廓，增强眼睛的神采。

8）眉笔

眉笔呈铅笔状，用以加强眉色，增加眉毛的立体感和生动感。

9）睫毛膏

睫毛膏通过增加睫毛的密度、长度和光亮度来美化眼睛。睫毛膏按颜色可分为无色睫毛膏、有色睫毛膏；按功能可分为加长睫毛膏、防水睫毛膏等多种。

10）腮红

腮红有改善肤色和修正脸型的作用，它可以使面色显得红润健康。腮红有膏状和粉状两种。

11）唇线笔

唇线笔外形如铅笔，芯质较软，用于描画唇部的外轮廓。唇线笔配合唇膏使用，可以增强唇部的色彩和立体感。选择唇线笔的颜色时应注意与唇膏于同一色系，且略深于唇膏色，以便使唇线和唇色协调。

（五）化妆工具

成功的化妆，一方面靠的是娴熟的化妆技巧，而另一方面是通过化妆品和化妆用具来实现的。在对化妆品有充分了解的基础上，还要对化妆用具有全面的认识。常用的面部化妆用具种类很多，其作用及所应用的部位也各有不同。常用涂粉底和定妆的用具有化妆海绵、粉扑、粉刷等；常用修饰眉毛的用具有眉刷、眉梳、眉扫、眉钳、修眉刀、眉剪等；常用修饰眼睛的用具有眼影刷、眼影海绵、眼线刷、睫毛夹、假睫毛和美目胶带等；常用于修饰面色、脸型的用具有轮廓刷、胭脂刷等；常用画唇的用具有唇刷等。

（六）选用化妆品的注意事项

1. 选择化妆品的技巧

选择化妆品，要从以下两方面来考虑：

1）化妆品的质量

首先，选择化妆品最重要的是看质量是否有保证。一般来说选择名厂、名牌的化妆品比较好。名厂的设备好，产品标准高，质量有保证；另外，名牌产品使用起来比较安全。不能买无生产厂家和无商品标识的化妆品，同时要注意产品有无检验合格证和生产许可证，以防假冒。还要注意化妆品的生产日期。

其次，学会识别化妆品的质量。

(1) 从外观上识别。好的化妆品应该颜色鲜明、清雅柔和；如果发现化妆品颜色灰暗污浊、深浅不一，则说明质量有问题；如果液体外观浑浊、油水分离或出现絮状物，膏体干缩有裂纹，则不能使用。

(2) 从气味上识别。化妆平的气味有的淡雅，有的浓烈，但都很纯正；如果闻起来有刺鼻的怪味，则说明是伪劣或变质产品。

(3) 从感觉上识别。取少许化妆品轻轻地涂抹在皮肤上，质地细腻的化妆品能够均匀紧致地附着于肌肤且有润滑舒适的感觉；反之，如果涂抹后有粗糙、发黏感，甚至皮肤刺痒、干涩，则是劣质化妆品。

2) 个人和环境因素

(1) 依据皮肤类型。油性皮肤的人，要用爽净型的护肤品；干性肌肤的人，应使用富有营养的润泽性的护肤品；中性肌肤的人，应用性质温和的护肤品。

(2) 依据年龄和性别。儿童皮肤幼嫩，皮脂分泌少，须用儿童专用的护肤品；老年人皮肤萎缩，又干又薄，应选含油分、保湿因子及维生素 E 等成分的护肤品；男性宜选用男士专用的护肤品。

(3) 依据肤色。选用口红、眼影、粉底、指甲油等化妆品时，须与自己的肤色深浅相协调。

(4) 依据季节。季节不同，使用的化妆品也有所不同。在寒冷的冬季，宜选用滋润、保湿性强的化妆品，而在夏季，宜选用乳液或粉类化妆品。

3) 男性护肤化妆品的选择

护肤化妆品是用来滋润和保养皮肤的美容品。男性在选用这些化妆品时既要突出实用性，又要体现男性的自然美和阳刚美，同时还应根据自己皮肤的性质及年龄特点来考虑。多数男性的皮肤油脂分泌物质都比较旺盛，所以白天可用爽肤水调节皮肤，晚间再用营养蜜润泽皮肤。也有一部分男性的皮肤比较干燥，容易起皱，应选用油性较大的油类护肤品。夏季室外活动较长的男性，还应备有防晒霜，防止皮肤被紫外线灼伤。男性护肤品除了蜜、脂、霜三大类外，还有水类，如花露香水、男性香水、古龙香水等。目前市售的男性系列护肤化妆品尚不能全部满足人们的需要，因此男性在选用护肤化妆品时，有时也用妇女系列的，但应注意避开芳香飘逸。一旦找到适合自己的品牌产品，就不要追求时髦、轻易更换。

2. 化妆品的保存

化妆品从购进到用完分为保管过程和使用过程，妥善保管化妆品是有效使用化妆品的前提保证。如果化妆品保存不善，很容易变质，因此，要掌握正确的保管方法。化妆平的保管要注意防污染、防晒、防热、防冻、防潮及合理摆放。

化妆品使用后一定要及时旋紧瓶盖，以免细菌侵入繁殖。使用时最好避免直接用手取用而应以压力器或其他工具代替。另外，化妆品一旦取用，就不能再放回瓶中以免污染，可将过多的化妆品抹在身体其他部位。强烈的紫外线有一定的穿透力，阳光或灯光直射处不宜存放化妆品，所以不要把化妆品放在室外、阳台、化妆台灯旁边等处。在购买化妆品时，还应注意不要买橱柜里展示的样品，因其长期受橱柜内灯光的照射，容易变质。温度过高的地方不宜存放化妆品，炎热的夏季不要在手袋中装过多的化妆品，最适宜存放温度应在 35℃ 以下。化妆品应放在通风干燥的地方保存，潮湿的环境是微生物繁殖的温床。化妆品应放在清洁卫生的地方，轻拿轻放，不用时要拧紧盖子或将袋口封严，防止被污染及香味散失。化妆品在开封后，应尽量在有效期内用完，不宜长期存放，以免失效。

四、发型修饰

恰到好处的发型可以烘托出人的外在形象美和个性气质美,塑造出优雅的气质和良好的风度。民航乘务员在进行个人头发修饰时,不仅要恪守对于常人的一般性要求,依照自己的审美习惯和自身特点对自己的头发进行清洁、修剪、保养和美化,还要依照乘务员的工作性质、工作规范进行头发的修饰。

(一)头发的生理

头发是人体皮肤的附属物,通常人的头发从9万~14万根不等。露在头皮外面的为发干,埋在头皮里面的是发根,发根末端圆球形部分为毛球,是向头发输送营养并促进其生长的重要部分。发根外层被毛囊围着,头发是从毛囊上斜着向外生长的。毛囊内包含有皮脂,皮脂能够润滑头发,使头发有光泽而且柔软。皮脂腺作用不足或是阻塞,头发就变干;而皮脂腺过度活泼,就会造成油性发质。头发是一种复杂的纤维组织。每一根头发由3层组成:最外面的一层是表皮,中间层是皮质,最里面的一层是髓质。

头发有一定的生长期,生长到一定时期就会自然脱落,然后长出新的头发。头发每天生长0.3毫米~0.4毫米。一个月可生长1厘米,一般底部头发长得比两侧快。在人的10万余根头发中,生长、休止和脱落是交替进行的。根据头发皮脂腺分泌情况可将头发分为油性头发、干性头发、混合性头发和中性头发四种类型。

(二)发型的选择

发型选择要求根据发质、体型、脸形、肤色、年龄、职业、季节、个性特点选择最适合个体形象的发型。中国人的发质通常被分成硬发、绵发、沙发等几种类型,不同的发质配不同的发型。硬发发质不易成形,一旦成形后不易变形,硬发尽管可以被用来塑造多种发型,但因其往往粗壮茂密,所以在塑造发型时尽量简单;绵发俗称软发,轻飘而难以成形,不易固定发型,尽可能塑造为蓬松、波纹的"波浪式"短发或长发型,头发整齐而层次分明的发型;沙发发质缺陷较多,做好发型后很容易变形,使头发的直观效果不好,不要塑造中、长类型的发型。发型与脸形的配合十分重要,选择恰当的发型,既可以为自己的脸形扬长避短,更可以体现发型与脸形的和谐之美。不同脸形的人在为自己选择发型时,往往会有一些不同的要求。除此之外,还必须考虑自身的体型,因为人的身材有高、矮、胖、瘦之别,要使发型设计具有增加体型美或修补体型缺陷的效果。

(三)民航乘务员发型基本要求

1. 男乘务员的发型基本要求

在《民航乘务员职业技能鉴定指南》中对男乘务员的发型提出以下几点要求:空乘人员的发型要大方,要适合自己的脸型、制服的风格和个人的气质,不留奇异、新潮发型,不染异色头发。女性不留披肩发,头发不能遮住脸,刘海可以卷曲也可以是直发,但不过眉毛;长发要扎起或盘起,并用发网网住,或者使用黑色软性的发饰。男性发型以整齐精神为主,两鬓不得盖过耳尖,背面头发不能触及后衣领,不留长发,不能烫发,不能染发,也不能留光头。

1) 发型庄重

乘务人员在选择发型时,应当有意识地使之体现庄重而保守的整体风格。唯其如此,才与乘务人员的具体身份相称,才易于使自己得到服务对象的信任。乘务人员通常不宜使自己的发型过分地时髦,尤其是不要为了标新立异,而有意选择极端前卫的发型。

2）剪短头发

剪短头发,必须做到前发不覆额,侧发不掩耳,后发不触领。前发不覆额,主要是要求头前的头发不遮盖眼部,即不允许留有长刘海。侧发不掩耳,主要是要求两侧的鬓角长于耳垂底部,即不应当蓄留鬓角。后发不触领,则主要是脑后的头发不宜长至衬衣的衣领,免得将通常为白色的衣领弄脏。为了保持自己的短发,应根据头发生长的一般规律,至少在每半个月左右理一次头发是最为恰当。

3）不准染发

除了黑色之外,男乘务员不准染其他颜色的头发。

2. 女乘务员的发型基本要求

1）发型朴素

女乘务人员在为自己选择发型时,必须与其空乘服务人员的身份相符,复合本行业的"共性"要求,以简约、明快而见长。

2）长短适中

女乘务员可留各式短发,短发造型不宜奇特。头发长度不能超过衣领。前发须保持在眉毛上方不宜挡住眼睛。两侧头发干净、利落、服贴。

如果是长发,就将长发束起来,盘于脑后,佩戴统一的头花。从个人的脸型特征来说,长脸不适合高长发型,因脸长再做高盘发型又增加了头部高度,显得脸型更长,所以长脸人适合于低盘发型。从人的身高来说,个子高的人,要选用低盘发型;矮个子的人,适合选择高盘式,而不宜选择低盘式,尤其不要选择不等式和偏重式发型。头发少者可将头发用皮筋扎紧成马尾辫,蓄上假发髻装饰或加些海绵等添加物或在头发根部用纱巾扎束,装满头花网后,再戴上头花。

3）不准染发

除了黑色之外,女乘务员不准染其他颜色的头发。

（四）头发的养护

正确地选择洗发水是呵护秀发的首要基础,必须针对头发的特质挑出适用的洗发水。梳理头发得当,每天梳头发可以刺激血液循环,促进头发更新,使头发更加丰润。梳理头发时,头发最容易受伤,所以梳理时要加倍小心。梳子的优劣也很重要,最好选择齿端圆润光滑的,长发应选择长齿、粗齿的梳子,可减少对头发的损伤。

洗发能促进皮肤分泌,有刺激发梢、健全发质的功效。根据最新的科学研究发现,天天洗发不仅可以保持头发的健康、干净,也能给人以卫生、整洁的良好形象。但是天天洗发并不适合所有人,对于头发本来就比较干燥的人来说,天天洗发会把皮脂腺分泌的油脂彻底洗掉,引起头发受损或掉落,反而对头发健康不利。所以,洗发的频率应根据个体差异、季节和所从事的工作而定。洗发时,水温以 40 摄氏度为宜,不可太烫。头发用水浸湿、浸透,然后涂抹洗发水,洗发水在头发上持续 5～10 分钟后冲洗,冲洗之后,如此再来一次。再使用护发素,涂后 1～3 分钟,用清温水冲洗干净。然后用毛巾将头发拍干或用吹风机吹干。建议每周热吹发不要超过 3 次,否则会使头发过于干燥,引起发梢分叉。尽量缩短吹整时间,吹风机与头发之间距离远一些,温度不要太高。在头发半干时,用定型产品定型。

舒适头型有利于头皮血液循环。如果把头发箍在一起,头皮被拉得很紧,会损伤发质,头发容易脱落,所以应该避免每天紧束发。女乘务员不得已把头发盘在脑后,休息的时候最好让头发也休息一下,松散自然为好。按摩有助于血液循环,并且松弛紧张的肌肉。洗发前和任何有空的时候,都可以进行头皮按摩。为了保养头发,应该多吃些含有维生素、微量元素、蛋白质的食物,如绿色蔬菜、水果、鱼、鸡、猪肉等。

2.2 着装技巧

民航乘务员是航空服务工作的实施者,民航乘务员的个人形象在某种程度上能够代表企业形象,民航乘务员的专业化形象是航空公司整体形象的重要组成部分,而在民航乘务员专业形象的塑造过程中,服饰起到了至关重要的作用。民航乘务员应该根据职业特点来协调搭配服饰,使服饰能够体现并渲染职业的优势,美化民航乘务员的职业形象。在日常生活中,民航乘务员也要善于利用服饰来显示自身的文化素养和审美品位,构筑一道亮丽的风景线。

一、不同场合的着装

高雅的衣装形象是靠服装生活中的细节体现出来的,服装应该与穿着的时间、场合、个人的肤色、职业、妆面、体型等因素相搭配。

(一)服装搭配基本要领

TPO 原则概念是由日本"男用时装协会"在 1963 年提出来的,也是目前国际上公认的着装原则。TPO 即英语 Time、Place、Occasion 三个单词的首字母,意思是人们选择自己的服装和配饰时均应与时间、地点、场合相适应。如上班时间应尽量穿职业装,应根据工作的性质和特点着装,以方便工作为目的;在参加正规的社交活动时,着装应该符合环境的需要,大方得体、精神干练;在家中休息或户外活动的时候,着装应该随意舒适。着装还应该考虑到季节的更替。另外,着装还应该考虑到自身所处的不同年龄阶段,一个人在不同的年龄阶段应该表现出不同的气质特色,也应该有不同的着装风格。此外,不同场合有不同的服饰要求,只有与特定场合的气氛相协调,才能产生和谐的审美效果。在喜庆的场合不能穿得太古板,在悲伤的场合不能穿得太花哨,在庄重的场合不能穿得太随便,在休闲的场合不能穿得太隆重。

(二)西装礼仪

1. 西装的穿法

穿西装时,上衣、背心与裤子的扣子都有一定的系法。通常,单排两粒扣式的西装上衣讲究"扣上不扣下",就是只扣上面一粒,或全部不扣。单排三粒扣式的西装只扣上面两粒或中间一粒,不可全扣。而双排扣西装上衣的扣子必须全部扣上,以示庄重。另外,西装背心也分单排扣和双排扣,根据着装惯例,单排扣的背心最下面一粒扣子应当不扣,但双排扣的背心全部扣子都要扣上。西装的驳领上通常有一只扣眼叫驳眼,也叫插花眼,是参加婚礼、葬礼或出席盛大宴会、典礼时用来插鲜花用的。西装上衣左边袖子上的袖口处,通常会缝有一块商标,有时那里同时还会缝有一块纯羊毛标志,在穿西服前,一定要将它们先行拆除。

2. 西装的搭配

男士穿西装时还要注意西装与衬衫、领带、鞋袜、公文包的组合搭配。正装衬衫应以选用精纺的纯棉、纯毛面料为主,必须是纯色,白色是首选,大体上以无任何图案为佳,领型多为方领、尖领和小方领,以无胸袋者为佳。衬衫袖应该比西装长出 1 厘米~2 厘米,衬衫领应高出西装 1 厘米左右。

西装配套的鞋子只能选择皮鞋。按照惯例,深色西装搭配黑色皮鞋,男士在商务场合首选黑色皮鞋。在穿皮鞋时要注意保持鞋内无味、鞋面无尘、鞋底无泥、鞋垫相宜、尺码恰当等事宜。

穿西装、皮鞋时所穿的袜子以深色、单色为宜,并且最好是黑色的。公文包被称为商界男士的"移动式办公桌",面料以真皮为宜,并以牛皮、羊皮制品为最佳,色彩以深色、单色为好。

(三) 空乘人员制服穿着要求

空乘人员在飞机上必须遵守航空公司有关服饰的规定,做到飞行时按规定着装。空乘人员在着工作服时,应保持工作服干净整洁,每次上飞机前,应将工作服熨烫平整,工作装不允许出现布满皱纹、残破、污渍、赃物、异味,干净、整洁的服装会给旅客带来清新舒服的感觉。

二、饰品的搭配

民航乘务员是航空服务工作的实施者,为了提供优质的服务,为了代表航空公司的正面形象,首饰选择以不阻碍工作效率和尊重顾客为原则。民航乘务员工作场合佩戴的首饰要求款式简练、线条简洁、造型纤细、面板朴素的首饰,不能太过于张扬。太长的坠子和戴镶有大宝石或珍珠的首饰都是不合适的。民航乘务员工作场合佩戴的首饰要求品质上要质地高雅,纯金或纯银饰物比较合适。在《民航乘务员职业技能鉴定指南》中对民航乘务员首饰佩戴提出以下几点要求:

(一) 项链

项链只能佩戴一条,以纯金或纯银的质地为宜。不能选用粗大的造型,项链直径最好不超过5毫米,需佩戴在衬衣里面。

(二) 耳饰

耳饰只允许戴一副,选择紧贴耳朵的款式,设计简单、样式保守,并且不能有耳坠,以耳钉为最佳。耳钉式样保守,镶嵌物直径不超过5毫米。

(三) 戒指

戒指设计要简单,镶嵌物直径不超过5毫米。

(四) 手表

手表的设计应是保守简单的,表带是银色、金色的金属或皮制表带。为了在紧急情况下准确对时,不能戴没有分针和秒针的艺术表。卡通表给人感觉不严肃,不允许佩戴。不允许佩戴脚镯、链式手镯。

三、香水的使用

(一) 香水的介绍

人们使用香水的最大目的是它的芬芳给人带来的心理满足和内心对美的追求。香水让每个人所散发出不同的香气成为他(她)的个人特征和独有魅力。女性喜欢香水带来的舒适感觉和自信心,有的人喜欢香水还是为那种别出心裁的瓶身设计,那些设计独特的香水瓶便成为珍贵的收藏品。香水也是馈赠亲朋好友的最佳礼品。

香水的香型有很多种分类法,大致可以分成花香型、果香型、东方香型和淡香型。香水的基本成分是由水、酒精、香精组成(有些香水选用其他醇类代替酒精),水和酒精的含量不同使香水的味道有所不同。香水可以因酒精和香精的浓度不同而分成几个等级。一般来说,香水有香精、香水、淡香水、古龙水、清淡香水五种等级。不同等级的香水其持久性和价钱亦有所区别。

1. 香精 PARFUM

价格等级:1(最贵)

持续时间:5~7 小时

香精浓度:15%~30%

酒精浓度:70%~85%

2. 香水 EAU DE PARFUM

价格等级:2

持续时间:5 小时以内

香精浓度:10%~15%

酒精浓度:80% 以上

3. 淡香水 EAU DE TOILETTE

价格等级:3

持续时间:3 小时

香精浓度:5%~10%

酒精浓度:80%

4. 古龙水 EAU DE COLOGNE

价格等级:4

持续时间:1~2 小时

香精浓度:2%~5%

酒精浓度:80%

5. 清淡香水 EAU DE FRAICHUR

价格等级:5(最便宜)

持续时间:1 小时以内

香精浓度:2% 以下

酒精浓度:80% 以下

(二) 不同香水的使用方法

不同的香水有不同的用法:香精以"点"、香水以"线"、古龙水以"面"的方式使用。香水擦得越广,味道越淡,是使用香水的秘诀。香精可以点擦式或小范围喷洒于脉搏跳动处、耳后、手腕内侧和膝后。淡香精以点擦式或喷洒于脉搏跳动处,避免用于胸前、肩胛的脉搏跳动处。香水、古龙水或淡香水因为香精油含量不是很高,不会破坏衣服纤维,所以可以很自由地喷洒及使用与脉搏跳动处、衣服内里、头发上或空气中。

(三) 世界十大香水

1. 香奈尔 5 号(图 2.12)

香奈尔 5 号(N°5)是一款最适宜新婚的香水,它足已令你的新婚之路布满旖旎多姿的色彩。新婚之夜,不妨选择 No°5 的香精(Parfum),涂抹于身体的部位;而 No°5 的香水(Eau de Parfum),可以喷洒在整个卧室,尤其床榻之间;至于新近推出的 No°5 淡香水手袋装,自然是再适合不过的蜜月旅行的伴侣了。伊兰、檀香、茉莉、苦橙花和玫瑰等都对男女之间的肌肤之亲具有促进作用,而玫瑰对女性、檀香对男性的作用尤为明显。

图 2.12　香奈尔 5 号香水

2. 兰蔻奇迹香水（图 2.13）

这款香水可以展现出世界的美丽，它可以使你在平凡的生活中创造出奇迹。它相信生活，相信直觉，忠于自己的情感。它相信它自己可以创造自己的未来，只要有它，没有什么是不可能的。每一天对它来说都是全新的开始，每一天对它都是一种重生。它意志坚定，跟随它的直觉她可以创造出一切可能的奇迹。这是一款花香调 - 辛辣的香水，轻柔、有女人味。花香调和辛辣调和谐散发。小苍兰和荔枝的花香，是如此清新和微妙，使得使用者可以散发出迷人的女人味。生姜和胡椒的辛辣，使得使用者精神抖擞，布满活力。前味为小苍兰和荔枝；中味为生姜和胡椒；后味为麝香、檀香和茉莉。

图 2.13　兰蔻奇迹香水

3. 雅诗·兰黛欢沁香水（图 2.14）

雅诗·兰黛欢沁（Pleasures）属于清新花香调的香水，飘散着淡雅的花香，在大自然中洒欢沁的种子。1996 年，美国雅诗·兰黛公司推出其全新女用香水欢沁，主要原料有百合花、紫罗兰、茉莉、丁香、檀香等。整体瓶身造型高雅而简洁，剔透晶莹的椭圆瓶子、圆形的白金瓶盖。其香味乍浓犹淡，如细水长流，飘散着浓雅的花香，在大自然中播洒着欢沁的种子。

图 2.14　雅诗兰黛欢沁香水

4. 雅顿白钻香水（图 2.15）

雅顿白钻香水（White Diamond）以花香为主调，香味浓郁，是一种相当女性化的香水，尤为偏爱甜花香如玫瑰、夜来香等花香的成熟女性所喜爱。这款香水受到伊丽莎白·泰勒、尼诺·赛儒迪和瓦伦蒂诺等众多名人的钟爱,是一款极受欢迎的香水。

图2.15　雅顿白钻香水

5. 香奈尔魅力香水(图2.16)

香奈尔魅力(ALLUREEDP)香水具有强烈的感官吸引力,瓶身设计十分现代化,是磨亮发光的金色与雾状黄铜色的组合。该香水是一款简炼、丰富、极端女性化的创作。它所传达出的讯息就是快乐、自由与和平。它建议那些深爱和平与纯净的女性,不妨来点精致高雅的韵致,所有这些特质,都被捕捉于ALLURE EDP香水中。ALLURE EDP香水是一款崭新、华美、更能诠释魅力为何物的香水,将感官上的尽美享受具体成型。

图2.16　香奈尔魅力香水

6. 雅片(图2.17)

体现东方神秘风情的香水,则以圣罗兰的雅片香水(opium)最负盛名。它属于浓香型,多以后劲无穷的木香、檀香为主,配以辛辣的木香和持久的动物香。鸦片香水,香气浑厚浓郁,定位为诱惑和禁忌,呈辛辣的东方调,更适合于25岁以上成熟、自信和妖媚的女性。

图2.17　圣罗兰雅片香水

7. 让·保罗·戈蒂埃(Jean Paul Gaultier,图2.18)

让·保罗·戈蒂埃是一个为前卫的人创造衣饰和香水的天才设计师,他的设计布满幽默感,令人惊奇。值得一提的是由他本人设计的第一款香水,其香水瓶颇为奇异,外型是一段穿了胸衣的女人躯干,瓶子的外包装是一个圆桶状的锡皮盒子,设计奇异,惊世骇俗。

8. 嫉妒我(图2.19)

古弛(GUCCI)1997年度推出的嫉妒我香水(ENVY me),属花香调,前味是香草、风信子、木兰

图2.18　让·保罗·戈蒂埃香水

花,中味是铃兰、茉莉、紫罗兰花,后味是鸢尾花、木香和麝香。其广告力度很大,取得了很好的市场回报,且正在成为一个稳定的畅销品牌。

图2.19　古驰嫉妒我香水

9. 克莱恩1号(图2.20)

男用香水中,Calvin Klein(卡尔文·克莱恩)公司的克莱恩1号无疑是最成功的。克莱恩1号香水由美国Calvin Klein公司于1994年推出,为男、女适用香水。它由佛手柑、鲜菠萝、茉莉花、紫罗兰等组合而成。其瓶身仿如牙买加朗姆酒瓶子一样的磨砂玻璃瓶,外包装则为用再生纸做的纸盒。克莱恩1号为无性别香水,结合20世纪90年代整个社会简约,无性别差异的时尚风气。它赞扬个人主义,意在使得各不同群体的男女一致认同个人主义。在1994年秋季,克莱恩1号刚刚问世不久,就创造了5800万美元的销售纪录,在全美乃至世界各地掀起一股克莱恩1号之风,这种全新理念的平淡香水,更是吸引了那些从不用香水的年轻人。

图2.20　克莱恩1号香水

10. 寄情水(图2.21)

由阿玛尼公司(Giorgio Armani,对香水时尚的超佳嗅觉来自时装领域的公司)于1994年推出的寄情水,瓶身造型的简洁正好映衬了阿玛尼的设计理念"少即是多"。寄情水(ACQUA DI GIO)淡香水喷雾是为了表现地中海夏日的感觉而特别设计的,有"水之花"的香味,带给男士前所未有的清新感受。

图 2.21　阿玛尼寄情水

2.3　优美的姿势动作

仪态是指一个人的姿态,泛指人的身体所呈现出来的样子。仪态往往可以表现出一个人的风度与气质,我们甚至可以从人的仪态传达的信息探知人的内心秘密,从而判断出对方的身份、品格、学识、能力和其他方面的修养。

姿态美食身体各部分在空间活动变化而呈现出的外部形态的美。如果说人的容貌美和形体美是人体静态美,那么姿态美则是人体的动态美。一个人即使拥有出众的容貌和身材,如果举止不端、姿态不雅,就不可能有完善的仪表美。

追求仪态美,一是要注意按照美的规律进行锻炼和适当的修饰打扮;二是要注意自身的内在修养,包括道德品质、性格气质和文化素质的修养,因为人的仪态美在很大程度上是人的内在心灵的体现。

一、站姿、坐姿、蹲姿、走姿

(一) 站姿

挺胸收腹,双肩下沉,双脚并拢,脚尖略打开成"V"字形,提气收下颚,身体自然垂直,面带微笑。禁止叉开双脚。

(1) 女乘务员:双手交叉相握,四指并拢,右手叠放在左手之上,自然垂于腹前。

(2) 男乘务员:双手相握放在身后,一只手半握拳,另一只手握起手腕处。

站姿的要领是:一要平,即头平正、双肩平、两眼平视;二要直,即腰直、腿直,后脑勺、背、臀、脚后跟成一条直线;三要高,即重心上拔,看起来显得高。

(二) 坐姿

坐姿是指人在就座后身体所保持的一种姿势。要依据所处的社交场合、着装以及椅子的高低采用不同的坐姿。坐是举止的主要内容之一,无论是伏案学习、参加会议,还是会客交谈、娱乐休息,都离不开坐。坐,作为一种举止,有着美与丑、优雅与粗俗之分。坐姿与站姿同属一种静态造型。正确规范的坐姿要求端庄而优美,给人以文雅、稳重、自然大方的美感。坐姿如果不正确,除了看起来没精神外,也容易腰酸背痛,甚至影响脊椎、压迫神经。

入座前,腿与座椅应有一英尺的距离,就坐时后腿后退半步,碰到座椅后轻坐到椅子边上,坐下后双腿并拢放在中间或侧面。双膝合拢,手微微握起,自然放于腿上,后背挺直,目视前方,面带微笑。

(1) 女乘务员：右手轻抚后裙摆（手心向上），左手自然放在身体一侧，坐下后右脚向前移一小步与左脚并拢，双手微握五指并拢自然放于腿上，大小腿成90°夹角，双腿可稍向左或右微侧，上身挺直。

(2) 男乘务员：坐下后，可将双脚、双膝略分开，双手五指伸直或轻握拳头放在双腿上。

(3) 不同场合的坐姿。

① 谈判、会谈时，场合一般比较严肃，适合正襟危坐。要求上体正直，端坐于椅子中部，双手放在桌上、腿上均可。

② 倾听他人教导、指示、指点时，对方是长者、尊者、贵客，坐姿除了要端正外，还应坐在坐椅、沙发的前半部或边缘，身体稍向前倾，表现出一种谦虚、迎合、重视对方的态度。

③ 在比较轻松、随便的非正式场合，可以坐得轻松、自然一些。全身肌肉可适当放松，可不时变化坐姿，以作休息。

（三）蹲姿

在日常生活中，当人们拿取、捡拾低处物品时，往往需要采用蹲姿。但是很多人却因不雅的蹲态而破坏了个人形象，同时也令旁观者感到尴尬。在欧美国家，人们认为"蹲"这个动作是不雅观的，所以只有在非常必要的时候才蹲下来做某件事情。这说明蹲姿的选择是在日常交际活动中必须注重的礼仪常识。正确的蹲姿应尽量迅速，保持美观、大方、端庄。

当腰弯至45°以下时，不可提臀弯腰，必须蹲下。蹲下时，一腿高一腿低，腿高一侧的手轻轻扶在腿上，腿低一侧的手用来取拾物品，上身尽量保持垂直。注意要轻蹲轻起、直蹲直起。

（四）走姿

走姿是一个人在行走之时所采取的姿势。它以端正的站姿为基础，是站姿的延续动作。从一个人的走姿就可以了解其精神状态、基本素质和生活节奏。

在标准站姿的基础上迈步前行，收腹收臀提气，目视前方，行走时脚内侧在同一直线上，双臂自然摆动，步履要小、轻，脚步不可过重、过大、过急（除紧急情况外），不要左右摇摆。女乘务员在巡视客舱时，双手可自然相握抬至腰间，目光柔和地巡视客舱两旁的旅客。

走姿的要领是：双眼平视双臂放松，以胸领动肩轴摆，提髋提膝小腿迈，跟落掌接趾推送。

几种错误走姿：

(1) 头部抬得过高，给人以傲慢之感。

(2) 双手及臀部的摆动幅度过大，使人感觉变扭、不自然。

(3) 摇头晃脑，两肩歪斜，左右摇摆，有庸俗、轻薄之感。

(4) 弯腰弓背，步履蹒跚，低头无神，给人压抑、疲倦、衰老的印象。

(5) 八字脚，"鸭子步"，这样的走姿不够大方和雅观。

二、端、倒、递、拿

（一）端物

有双手端和单手端两种方法：双手端物时，用双手轻轻地将托盘端起，置于身体前面，高度在腰部的位置，保持抬头挺胸的姿势，以自然步前进；单手端则是用左手把托盘托起，分高托和低托两种位置，高托是把托盘托至齐肩处，手指后指；低托是将托盘托至齐胸处，手指前指，保持抬头挺胸，自然步前进。

（二）倒水

倒水时，左手握住杯子中部，右手拿壶，倒至八分满左右的位置。面带微笑，双手奉给客人。需要注意的是，不要为了拿得更稳而直接握住杯沿，这是不礼貌的。

（三）低处取物

拿取低处物品或拾起地上的东西时，最好走近物品，上体正直、单腿下蹲，利用蹲和屈膝，慢慢低下拿取，而不要只弯上身、翘臀，这样的姿势非常不雅。

（四）递物与接物的动作仪态

递物与接物是常用的两个动作，应当要双手递物和接物，五指并拢，体现恭敬和尊重的态度。在递接物品时要两臂夹紧，双手自然伸出。

注意在接待工作中，所有物品都要轻拿轻放，对于客人需要的东西应轻轻用双手奉上，不可随意一扔；接物时应道谢或点头示意。在递剪刀、刀子或其他尖锐物品时，手要拿着尖锐部位递给对方，让对方方便接取。在递笔的时候，不可将笔尖指向对方。递资料、文件、书、名片等时，字体要正对接受者，以便让对方看清楚。这些都是能体现出智慧与修养的细节之处。

2.4 空乘人员形象规范与气质塑造

空乘人员属于服务行业的从业人员，光有漂亮的外表是不够的，必须具备良好的从业素质，良好的气质就是其中之一。空乘人员的良好气质定位为优雅、大方、谦和、可亲，具体体现在甜美的微笑、亲切的话语、谦逊的态度、周到的服务等方面。好的空乘人员能将秀美的外部形象和优雅大方的气质有机地结合起来，既赏心悦目，又能给乘客留下较为深刻的良好印象。有时即便形象不像影视演员那么美丽，但敏捷、周到的服务行为、富有亲和力的态度等换取的赞赏，会远远超过形象上的赞美。这就是空乘人员形象与气质的特殊性，有别于单纯的感官上的形象欣赏，而要更多地适应服务对象的心理需求。形象是直观的，而气质的特点则要通过人与人之间的相互交往的过程显现出来，乘务人员的服务过程恰恰就是人与人交往的过程，所以，对于空乘人员气质上的要求更高。

一、行为举止禁忌

不雅的行为动作一定要避免，以下是几点需要牢记的注意事项。

(1) 在众人面前，不要用手抓挠身体的任何部位。不应当众梳理头发、揉眼、挖耳鼻、抓耳挠腮、随意剔牙、修剪指甲、搓泥垢。如若因身体不适必须要做，应去盥洗室进行。

(2) 在公众场合，要尽量避免从身体内发出的各种异常声音。咳嗽、打哈欠、打喷嚏等都应侧身掩面。

(3) 在执行航班任务前，不宜吃带有强烈刺激性气味的食物，如葱、蒜、洋葱、韭菜等，以免因口腔异味而引起服务对象的不悦甚至是反感。

(4) 在公众场合露面前，要整理好衣裤。从盥洗室出来时，边走边拉拉链、扣扣子、甩水擦手都是失礼的行为。

(5) 不要盯视陌生人或对其品头论足。当他人作私人谈话时，不要靠近。别人需要帮助时，要尽力帮助。不要嘲笑、起哄他人的不幸之事。自己的行为妨碍别人时应致歉,得到别人帮助时应立即道谢。

(6) 不要在公众场合大呼小叫或是高声谈笑。在人群集中的地方交谈,应低声细语,声音的大小不要起别人注意。

(7) 感冒或其他传染病患者应避免参加各种公共场所的活动,以免将病毒传染给他人,影响他人的健康。

(8) 在公共场合,为了维护自己的形象,最好不要吃零食,应有所克制。

(9) 在公共场合要保持仪态,不要趴着或坐在桌子上,也不要躺在椅子上。遇事冷静,不要慌不择路,方寸大乱。

(10) 遵守与服从公共场所的规则。注意公共卫生,不随地吐痰,不随手乱扔烟头及其他物品。

二、提升内在素质、完善个人形象

(一) 热爱本职工作

对空乘这份工作的热爱不应是一时的,当向往的空乘人员生活被辛苦的现实打破后,还能一如既往地主动、热情、周到、有礼貌、认真负责、任劳任怨、勤勤恳恳地做好工作。

(二) 有较强的服务理念和服务意识

在激烈的市场竞争中,服务质量的高低决定了企业是否能够生存,商场竞争的核心是服务的竞争。民航企业要在市场竞争中赢得旅客就必须提高服务意识和服务理念。意识是一种思想和自觉行动,没法用规则去保持,必须融化在每个空乘人员的人生观中,成为一种自觉的思想。服务意识要经过训练后才逐渐形成。

(三) 有吃苦耐劳的精神

空乘人员在外人看来是在全世界飞来飞去令人羡慕的职业,但在实际工作中却承担了人们想象不到的辛苦,如飞国际航线时差的不同,面对各种不同的旅客,工作中遇到的困难和突发状况随时都会发生,没有吃苦耐劳的精神,就无法承受住工作的压力,做不好工作。

(四) 刻苦学习业务知识

作为一名空乘人员,不仅仅是在飞机上为旅客端茶送水,还需要掌握很多知识,例如,飞往日本的航班,空乘人员首先要了解日本的国家概况、政治、经济和人文地理,航线飞越的国家、城市、河流、山脉以及名胜古迹等。同时还需了解飞行中的服务工作程序及服务技巧、飞机的设备、紧急情况的处置等。空乘人员不仅要掌握各种服务技巧和恪守服务理念,还要知晓天文地理知识;不仅要有美丽的外表,还需要具有丰富的文化内涵。

(五) 掌握服务语言艺术

空乘人员要学会说话的艺术,掌握不同的说话技巧。不同的服务语言往往能得到不同的服务效果,如对老年旅客、儿童旅客、重要旅客、特殊旅客、第一次乘飞机的旅客、发脾气的旅客,还有在航班不正常时服务的说话技巧都是各不相同的。在空乘人员的服务工作中,往往由于一句话,会给服务工作带来不同的效果。一句贴心的话会给航空公司带来很多回头客;但也可能由于一句不当的话,旅客可能永远不会再乘坐这家航空公司的飞机。

（六）培养热情开朗的性格

空乘人员的工作是直接与人打交道的,每天要接触上千名旅客,随时需要与旅客沟通,没有开朗的性格就无法胜任此项工作。调查资料也显示,受欢迎的人是拥有开朗性格的人。与他们相处,会感觉轻松愉快,容易交流。因此空乘人员要培养和展示自己开朗的性格,善于先开口跟别人打招呼,讲究礼貌细节。

第3章 空乘人员的语言艺术

语言是表现人们心灵的窗口,语言是一套声音和意义相组合的符号,是人类最重要的交流工具。我们从中还可以看到一个国家、一个民族的精神面貌。斯大林说:"语言是工具、武器,人们利用它来互相交际,交流思想,达到互相了解。"语言可以体现一个人的道德水准和教养水平。

每一种语言都包括语音、词汇、语法三个子系统。三者相互关联、相互对立,共同构成一种语言系统。它既不是自然产物,也不是以门科学,而是一门艺术,是人际关系的桥梁。作为一种表达方式,语言交流要根据时间、场合、对象的不同表达出各种不同的信息和思想感情。我们要了解交谈礼仪的原则和重点,这对于人们顺利进行人际交往有很大的帮助。

3.1 交谈的艺术

语言是交际活动的桥梁和媒介,是人们彼此之间进行交流、开展工作、建立友谊、传递信息、表达意愿的最为重要的一种方式。没有语言,人与人之间要想进行真正的沟通几乎是不可能的。语言是内心世界的表现,一个人的教养和为人在交谈中会自然流露出来。因此,了解语言交际礼仪的要求,掌握交谈中的一些基本规则和技巧,在社交场合中是至关重要的。

一、声音的控制

在谈话的进行过程中,最好留意一下自己的声音,语速适中而且不要声音太大。说话的目的在于让对方听懂和理解,如果语速太快,对方没法听清楚,说再多也是徒劳无益;此外,在公众场合,过大的声音会使别人嫌恶,更会令你的同伴感到难堪。

除了不能太快和声音太大外,说话的声调还应有高有低,说话的节奏时快时慢,抑扬顿挫。这样才能使听者听你说话不感到疲倦,有兴趣继续往下听。

二、交谈的距离

美国人类学家、心理学家、方法意义学创始人霍尔博士通过大量事例说明,人在文明社会中与他人交往而产生的关系,其远近亲疏是可以用界域或距离的大小来衡量的。有一个实验,在一间大厅里,有一排椅子,假定两个陌生人先后进入大厅,如果第一个人坐在南端,另一个人紧挨第一个坐下的话,第一个人会本能的移开,与第二个人保持一定的距离。即使在拥挤的公共汽车上,当素不相识的人的身体紧贴在一起的时候,人们也决不允许他人贴近自己的脸,特别是嘴唇和眼睛。这些情况都表明,无论在何种情况下,人体周围都有一个属于自己的空间,人际交往只有在这个允许的空间限度内才会显得自然与安全。

社交距离有四种:亲密距离、社交距离、礼仪距离和公共距离。

(一) 亲密距离

亲密距离是人际交往中最小的间距。处于0~0.5米,这是恋人之间、夫妻之间、父母子女之间以及至爱亲朋之间的交往距离。

亲密距离又可分为近位和远位两种。近位亲密距离为0~15厘米,彼此可以肌肤接触,耳鬓厮磨,属于亲密接触的关系。这是为了做出亲吻、拥抱、保护等动作所必需的距离,常常发生在情侣、亲友之间。远位亲密距离大约为15～45厘米,这是身体不接触,但用手互相接触到的距离。这是一个可以肩并肩、手挽手的空间,在这个空间里,人们可以谈论私事,说悄悄话,多半用于兄弟姐妹、亲密朋友之间。

在公众场合,只有至爱亲朋才能进入亲密距离这一空间,如果用不自然的方式或强行进入他人的亲密距离,可被认为是对他人的侵犯。即使因拥挤而被迫进入这一空间,也应尽量避免身体的任何部位触及对方,更不能将目光死盯在对方的身上。

(二) 个人距离

0.5～1.5米为社交距离。在这一距离,双方手臂伸直,还有可能互触手指的距离。这是个人身体可以支配的势力范围,可以握手、交谈,或者向他人挑衅也是在这个距离中进行。由于这一距离有较大开放性,亲密朋友、熟人可随意进入这一区域。

(三) 社交距离

社交距离已经超出亲密或熟悉的人际关系,为1.5～3米,一般是在工作场合和公共场所。在现代文明社会,一切复杂的事物都在这个距离进行,采用这一距离主要在于体现交往的正式性和庄重性。在一些领导人、企业老板的办公室里,其办公桌的宽度在2米以上,设计这一宽度的目的之一就在于,领导者与下属谈话时可显示出威严和距离。

(四) 公共距离

3米之外为公共距离,使人际沟通大大减小,很难进行直接交谈。处于这一距离的双方只需要点头致意即可,如果大声喊话,是有失礼仪的。3.6～7.5米是产生势力圈意识的最大距离,如教室中的教师与学生,小型演讲会的演讲人和听众的距离。处于7.5米以上的距离位置,在现代社会中,则是在大会堂发言、演讲、戏剧表演、电影放映时与观众保持的距离。

三、话题的选择

俗话说"酒逢知己千杯少,话不投机半句多。"说的就是话题选择的重要性。话题选择恰当,可以打开双方的"话匣子",开怀畅谈;话题选择不当,可能会让双方无话可谈,从而引发尴尬,所以应该学会选择话题。

(一) 用寒暄引出话题

当我们去拜访他人时,首先要跟主人寒暄几句,说几句客套话,如果开门见山地说出到访目的,会给人留下"无事不登三宝殿"的印象,惹人不快。寒暄是引出话题的前奏,恰当的寒暄能够拉近宾主之间的距离,让主人倍感亲切。寒暄可以根据具体情况来选择,如谈论天气可以说"今天天气真好!";如谈论主人的孩子,可以说"你儿子都长这么高了?";也可以谈论主人的房屋"房子布置的真不错!"然后在宾主相谈甚欢的氛围之下,再适时提出将要谈论的话题,不会显得突兀。

(二) 选择对方感兴趣的话题

想要将话题顺利地谈论下去,就需要找到双方都感兴趣的话题。如果双方中有一方对谈话的话题不感兴趣,交谈就会变得消极乏味。而有时候,为了更好地处理人际关系要迁就他人的兴趣,选择对方感兴趣的话题。

（三）因人而异选择话题

在人际交往中，每个交往对象都有各自不同的性格特征，在社会上扮演不同的角色。因此，跟不同的人打交道时，选择的话题也不尽相同。能否正确地选择话题不仅反映一个人交际能力的高低，也能反映出谈话者的品位高低，所以要因人而异地选择话题。

（四）引发陌生人话题的方法

（1）引入即兴话题。借用彼时、彼地、彼人的某些材料作为话题，从而引出交谈。如可以从对方穿着的服饰入手，说："你的衣服真漂亮，在哪里买的？"，这样对方就可能会跟你谈论穿衣的话题，从而将谈话继续下去。

（2）选择中心话题。中心话题是指大家都知晓或关心的话题，围绕这个中心，引出许多评论，让双方有话可说，从而拉开谈话的序幕。

（3）投石问路。与陌生人交谈，可以先提出一些试探性的问题，在略有了解的基础上，再进行有目的的交谈，从而使交谈变得轻松自如。

四、交谈的礼仪与禁忌

说话是一门艺术，好的说话方式应该是能够让对方愉悦和喜欢的。进行社会交际时，要注意说话的礼仪，什么样的话能说，什么样的话不能说，说话应该要有一个原则。

（一）交谈的礼仪

1. 优雅的谈吐与姿态

语言是社会交际的工具，是人们表达思想感情和意愿的媒介和符号，同时也是一个人的道德情操和文化素养的体现。在与他人交谈的过程中，如果能做到言之有礼，谈吐文雅，会留给对方良好的印象；相反，如果满嘴脏话，甚至恶语伤人，就会令人反感讨厌。要做到言之有礼，谈吐文雅，主要需做到以下三点：

（1）注意说话的态度。说话本身就是向他人传达感情的过程，因而说话时你的神态、表情等都要运用得当。表情、神态反映一个人的态度，态度诚恳、亲切，才能取得他人的信任，也能使交谈在友好、和谐的氛围中进行。

（2）注意声音、语调。说话时，声音要大小适度，以对方听清楚为准，不要大声说话；语调要平和、沉稳，切忌浮躁。无论说的是哪种语言，都要咬字清楚，音量适度。

（3）注意用语。用语能够体现一个人的文化修养，反映一个人的品位、格调。使用文雅词语，意在展示个人良好的教养和谈话对象的尊重。尤其是在与他人进行正式交谈时，用词用语一定要力求谦和、恭敬、高雅、脱俗。在谈话之中，要有意识地避免粗话、脏话、黑话、荤话、怪话、气话等。

2. 善用赞美的语言

（1）赞美他人时，态度要真诚。最好在说话时面带发自内心的微笑，还要注意说话时的语调，让别人听出你是在发自内心地赞美他，而不是假意敷衍。另外，要注意要真实地表达你的赞美，拍马屁不是赞美，如果你经常说些违心的话，当你严肃时，别人也很难再相信你了。

（2）赞美他人时，要赞美事实而不是人。赞美他人时，要将赞美的焦点放在别人所做的事情上，而并非他人本身，这样他人会更容易接受你的赞美，而不会引起尴尬。

（3）赞美要具体。当你的赞美对象越具体时，你的赞美越有力量；赞美的对象越空泛，赞美的力量就越薄弱。

（4）将赞美他人当做一种习惯。当你赞美他人的时候，不仅会让他人快乐，也能赢得他人的好感，自己也会更加快乐。赞美别人是处理好人际关系的技巧，更是一个使我们快乐的习惯。

3. 学会使用客套用语

客套话是指在交际场合中用于应酬、表示客气的话。中国有句古话"礼多人不怪"，说话时常用客套话，体现一个人的文化修养，以及对他人的尊重。常用的客套话有：

请人原谅说"包涵"；请人收礼说"笑纳"；
表示歉意说"不安"；不能相陪说"少陪"；
招待不周说"怠慢"；礼貌不周说"少礼"；
晚上道别说"晚安"；仰慕已久说"久仰"；
请人相见说"有请"；好久不见说"久违"；
请求接受说"赏脸"；受到指教说"叨教"；
请人帮忙说"偏劳"；受到款待说"叨扰"；
辞谢馈赠说"心领"；因事不陪说"失陪"；
请人做事说"劳驾"；祝贺人家说"恭喜"；
回答问候说"托福"；对人有愧说"对不起"；
得人好处说"叨光"；要人不送说"留步"；
征求意见说"不吝"；谢人代劳说"难为"；
过失很重说"死罪"；记人不清说"眼拙"；
请不计较不说"恕"；说人长胖说"发福"；
与人较艺说"领教"；答谢恭维讲"好说"；
向人发问说"动问"；向人询问说"借光"；
请人批评说"指正"；领受情谊说"承情"；
耗费精神说"费神"；耗费心思说"费心"；
请人指瑕说"指教"；责己不周说"失敬"；
让人花钱说"破费"；未能迎接说"失迎"；
请人任职说"屈就"；委屈他人说"屈尊"；
受人教益说"见教"；请人赴约说"赏光"；
得到关照说"承蒙"；别人谦让说"承让"。

（二）交谈的忌讳

现代人的生活越来越富于变化，也越来越忙碌，人们交往的范围扩大了，频率加快了，而交谈也在人们建立和协调人际关系中占有越来越重要的位置。所有的谈话大致可分为两种：一种是让人愉快的，另一种则是让人生厌的。每个人都希望成为受人欢迎的谈话者，能轻松地进行愉快而成功的交谈。

正如谈话中应该流出的诚意一样，谈话也是有许多禁忌的。不能仅仅满足于掌握了多少技巧，同时还要谨慎地注意谈话的禁忌，力避误闯雷区。关于这点，要特别注意以下几个方面：

1. 忌话题不当

在谈话中，特别是在正式谈话中，有一些话题是绝对不宜涉及的。假若贸然犯忌，不仅会失礼于人，而且还会使双方难堪，这些话题主要有个人隐私的话题，刁难的话题，非议他人的话题和令人反感的话题。

2. 忌喋喋不休

爱喋喋不休抱怨的人，与人见面，张口就将他们日常生活中的无数小事与无尽烦恼向别人倾诉,哀叹不已。其实每个人的生活都有烦恼,而别人也没有义务浪费时间去听你那破坏心情的过分唠叨与抱怨。所以喋喋不休地抱怨只能引起别人的厌烦而不是同情。

3. 忌枯燥无味

有些人说话别人不爱听,并非只是因为说话太多,喋喋不休,而是由于他观念单调、言语乏味,一开口便使人感到厌烦。

4. 忌插话不当

插话者总是在别人说到高兴处时,冷不防半腰杀进来,插到别的话题上,或是把别人的结论代为说出,并以此得意洋洋地炫耀自己的光彩,而原来说话的人却不得不中途偃旗息鼓,从而产生厌恶之感。

5. 忌心不在焉

心不在焉的人特别容易开小差,当你告诉他一件很重要或有趣的事情时,他却把注意力分散到别的地方,心神浮游不定,让你说话的兴致顿时全无。

6. 忌自我吹嘘

爱自吹自擂的人讲话有声有色、内容完整、波澜起伏,但主题只有一个"我"字,因此很容易让人失去耐心。

7. 忌说长道短

爱说长道短的人往往爱关注无聊的琐事,爱探听别人的秘密轶闻,还会把这些秘密轶闻添油加醋地宣扬出去。当这类人向你发问时,你最好不要直接答复他,而要婉转地让他发觉问题很无聊。

8. 忌自说自话

交谈是两个人的一种交流,但是自说自话者常常只说自己的事,不理会别人是否接受。遇到这类人,最好尽量将话头转到别的方面,把该说的话说完就礼貌地告辞,不给他自说自话的机会。

9. 忌空泛说教

说教者中当然不乏正确的忠告,但有些忠告却因带有说教腔而引起谈话对象的逆反情绪,不被接受。所以要说服教育别人,要避免高高在上、目空一切的态度和空洞的说教,这样收不到任何效果,反倒惹人产生抵触情绪,应该拿出鲜明、生动、形象的事例让别人心悦诚服地接受。

10. 忌武断暴躁

武断暴躁的人缺乏耐心而且相当自负,总觉得自己是对的,把问题和责任推给别人,惹得别人满心是火。

3.2 空乘服务语言

语言是服务过程当中判定服务质量的主要因素之一。得体的语言、动听的声音不仅能够体现出个人涵养,还能迅速拉近人与人之间的距离,化干戈为玉帛。

一、客舱服务用语分类

(一)敬语与赞美语

1. 敬语

敬语主要是指在人际交往活动中蕴涵着对他人表示尊重、礼让、客气等内容的语言表达方式。敬语是谈吐文雅的重要表现,是展示谈话人风度和魅力必不可少的基本要素之一,是尊重人并获得他人尊重的必要条件之一,也是人际交往达到和谐融洽境界的推动因素。一般而言,敬语的类型可以归纳为以下几种。

(1) 问候型敬语。问候型敬语指的是人们相见时相互问候时使用的敬语,通常有"您好"、"早上好"、"久违了"等。问候型敬语的使用既表示尊重,显示亲切,给与友情,又充分体现出了说话者有教养、有风度、有礼貌。

(2) 请求型敬语。请求型敬语是指在请求别人帮助时所用的一类敬语。这一类型的敬语主要有"请"、"劳驾"、"关照"、"承蒙关照"、"拜托"等多种不同的表达方式。

(3) 道谢型敬语。道谢型敬语即当自己在得到他人帮助、支持、关照、尊敬、夸奖之后表达谢意时所使用的敬语类型。这一类敬语中最简洁、及时而有效的表达就是由衷地道一声"谢谢"。除此之外,属于这种类型的敬语还有"承蒙夸奖、不胜荣幸"、"承蒙提携"等。

(4) 致歉型敬语。在现代生活中,人际交往的层面不断扩大,人际关系的网络也日趋复杂,这使得人际之间的矛盾时有发生。而当自己的行为对他人造成伤害或消极影响时,最常用的致歉型敬语是"对不起"、"请多包涵"、"打扰您了"、"非常抱歉"、"给您添麻烦了"等。

2. 赞美

(1) 赞美他人时,态度要真诚。赞美他人时,态度一定要真诚,不妨在说话时加上发自内心的微笑,同时还要注意说话时的语调,让别人听出你是在发自内心的赞美他,而不是假意逢迎。

(2) 赞美要具体。当你赞美的对象越具体时,你的赞美就越发有力量;反之,赞美的对象越空泛,赞美的力量就越发薄弱。例如,"她很会跳舞。"和"她这支舞跳得真棒。"后者显然比前者更好。

(3) 赞美他人时,要赞美事实而不是人。赞美他人时,要将赞美的焦点放在别人所做的事情上,而不是别人本身,这样别人会更加容易接受你的赞美,而不至于引起尴尬。例如,"你真漂亮!"和"你穿这身衣服真好看!"显然后者更为实在,也较易于被他人所接受。

(4) 将赞美他人当做一种习惯。当你赞美他人的时候,不仅会让他人快乐,也能赢得他人的好感,自己也会变得更快乐。此外,如果能够经常留意身边美好的事物,留意那些可以让人赞美的人和事,也会使自己的心态变得更加积极。所以说,赞美别人是处理好人际关系的技巧,也是一种使我们快乐的习惯。

(二) 委婉语与致歉语

1. 委婉语

委婉语是指用好听的、使人少受刺激的语言,代替那些不好说出口的赤裸裸的、易受刺激的语言。也就是说,把让人不易接受的话,通过婉转含蓄的表达,变成让人容易接受,甚至能给人以美感的话。

委婉语是人们在社会交际过程中,为了实现预期的交际效果而创造出的一种有效的言语表达方式。委婉语的使用是一种普遍存在的现象,它广泛应用于社会各阶层以及各个领域,它不仅是人们在社交的需要,更是言语交际中协调人际关系和社会关系的重要手段。它具有的社交功能使人们更能自如地表达思想,使交流轻松、愉快地进行。委婉语是适应社会交际生活需要而产生的,委婉语的五种社交功能,即禁忌避讳功能、礼貌功能、掩饰功能、积极功能、褒扬功能。它用婉转含蓄的表达美化了语言,使人们的社交生活更为和谐。

2. 致歉语

在日常生活中,因自己的言行失误而打扰、影响了别人,或者给别人造成了精神上的伤害或物质上的损失时,都应主动向对方道歉。

(1) 道歉的范围。凡出现下列情况都应向对方表示歉意:自己失礼、失手;无意中碰撞了别人;在拥挤的街道、公共汽车上踩了别人的脚;打扰了别人的工作或休息;因有事必须打断别人的谈话;

叫错了别人的姓名,等等。

(2) 道歉的词语。表示歉意的词语主要有"对不起""请原谅""打扰了""很抱歉""给您添麻烦了"等。在向别人道歉时,一定要态度诚恳,并且选择对方乐意接受的语言,否则不但无法赢得谅解,还反而有可能激起对方的愤怒情绪。

(3) 道歉的方式。向对方表达歉意的方式有:当面口头道歉;约时间面谈道歉;打电话道歉;书信道歉;到对方家中或工作地点亲自拜望道歉;托第三者转达道歉。

向对方道歉所采取的方式一定要根据自己与对方的熟悉程度和歉意的程度认真选择,一般以当面口头道歉为宜。如果是带有赔偿性的道歉,则应选择到对方家中或工作地点拜望道歉的方式进行。

(4) 道歉的时机。如果对方的火气正旺,情绪非常激动,不妨采用冷处理的方法,等对方冷静下来后再向对方道歉。这样效果更好,并且更易于为对方所接受。

(5) 道歉的礼节。道歉时,态度要严肃诚恳。首先主动承认自己犯的过错,对给对方造成的损害深表歉意与内疚之情,然后请求对方能够给予谅解和宽恕。可以询问对方有哪些具体的要求,对方的要求如果合理,要予以满足。如果对方一时不能理解或是拒绝接受道歉,要反复表达自己的诚意。面对对方的冷语相待和粗暴态度,应体谅其心情,用真心实意来感动对方,该赔理的赔理,该赔偿的要赔偿,以取得对方的谅解。

二、服务用语禁忌

空乘服务要善于察言观色,区别对待,掌握多种语言表达方式,学会使用礼貌用语和无声语言,以避免平淡、乏味、机械。

(一) 服务忌语

要避免的服务忌语主要如下:土老冒;老黑;你吃饱了撑得呀;谁让你不看着点;没有了;问别人去;没办法;供应完了;我就这态度;有能耐你告去;随便告哪儿都不怕;这是地面的事;这不关我的事;到底要不要,想好了没;喊什么,等会;没看我正忙吗,着什么急;刚才和你说过了,怎么还问;不能放这儿;找我们乘务长;到点了,你快点;我忙不过来;没开始呢,等会再说;不是告诉你了吗,怎么还不明白;现在才说,早干吗来着;我有什么办法,又不是我让它坏的;怎么不提前准备好;越忙越添乱,真烦人。

(二) 服务敬语

服务敬语主要如下:大爷(大妈);解放军同志;请问,您需要毛毯吗;我刚才态度不好,请您原谅;欢迎您提意见,反映情况,这是您的权利;如果您现在不需要用餐,我们将在您需要的时候提供,到时请您按下呼唤铃,我们将随时为您服务;您别着急,考虑好了再选择;我手底下的事马上就完,请您再等一会;您这个问题我解决不了,但××部门负责解决这事;这个我不知道,真抱歉;对不起,这件行李太大,可以拆开保存吗;您如果没听明白,我再解释一遍;我现在正忙着,请稍等一下好吗;对不起,这里是紧急出口,您的行李不能放在这儿;让您久等了,这是您的饮料;请别担心,这是轻微的颠簸;对不起,请您收起小桌板,就要着陆了;先生,对不起,能让这位孕妇先下飞机吗;感谢您乘坐本次航班,希望再次见到您;祝您一路顺风,再见。

三、丰富的语言种类让沟通更加畅通

航空公司招聘空中乘务员除了身体素质外,最重要的两点是语言能力和气质。每家航空公司都要求有一定的应用外语的能力,因为工作中会接触到各国的乘客。空乘人员必须拥有亲切的笑容和得体大方的言谈举止。下面是空乘人员需要重点掌握的集中语言：

（一）普通话

普通话是人与人之间沟通的桥梁，使用普通话显得有修养，普通话也是社会生活中必不可少的交流工具。对于空乘而言，普通话的要求重点在两个方面：一是发音标准，即要求吐字清晰，字正腔圆，至少有普通话二级甲等证书；二是声音悦耳，这就需要乘务员多听多练习。

（二）外语

随着科技的发展，世界变得越来越小，在工作中使用外语的机会会越来越多。

（三）手语

手语是聋哑人沟通的重要工具。随着社会对残障人士的关怀和2008年残奥会的召开，全社会掀起了学习手语的热潮。民航作为窗口单位，随着残疾旅客的逐渐增多，乘务员学习手语迫在眉睫。

（四）方言

要求空乘人员使用普通话并非不准使用方言。方言的范围应扩大到各个地区，如四川话、上海话、广东话、山东话等。普通话是全国各族通用的语言，但是方言更亲切、更能拉近人与人之间的距离。空乘人员应当针对不同的乘客、不同的场合灵活使用各种方言，这样才能更好地为乘客提供个性化的服务。

3.3 空乘服务工作中的非自然语言

除了语言之外，举手投足皆有意义，每个人的性格、习惯、文化修养等都在举手投足之间显露出来，因而在生活当中，要养成良好的行为举止习惯。

一、表情语言

面部表情礼仪主要包括喜、怒、哀、乐、恐惧、愤怒、厌恶、蔑视等。但是面部表情礼仪里使用频率最多的是人的眼神和笑容。

（一）眼神

人们常说"眼睛是心灵的窗户"，而眼神则是透过窗户传递出内心世界的本质。日常生活当中，有很多人会采用眼神来交流。对于眼神礼仪，下面一些知识值得注意：

1. 眼神的运用

首先，注意眼神的接触时间。一般与人交谈时，视线接触对方脸部的时间应占整个谈话时间的30%~60%。略超过60%则表明对谈话者所谈的内容很感兴趣，也表明对对方的尊重或重视程度很高，但是长时间凝视他人有可能会被对方认为是对对方私人空间或势力范围的一种侵犯；低于30%则表明对对方谈话内容不感兴趣；完全不看对方，可以认为是自高自大、傲慢无礼，或是有意掩饰的表现。

其次，要注意眼神的停留部位。从视线不同的停留部位可以反映出不同的人际关系。如果视线停留在双眼和胸部之间的三角形内，成为亲密注视，多用于朋友之间的交谈；视线停留在双眼和嘴部之间的三角形内，称为社交注视，多用于社交场合；视线停留在对方前额的一个假定的三角形内,称为严肃注视,能制造紧张严肃的氛围,多用于谈正事的场合。

最后,要注意眼神的变化。不同的眼神表达不同的意义,比如说正视表示庄重,斜视表示蔑视等。在与人交流之时,一方面要注意对方不同的眼神所传达的不同信息,另一方面也要注意自己的眼神,使其准确传达自己的意思。要注意眼神变化及语言手势的配合,自如、协调地运用。

2. 眼神的角度

生活中,眼神的角度及其方向有其不同的含义,眼神的常规角度有平视、侧视、仰视、俯视等。

平视:也叫正视,即视线呈水平状态。适用于一般场合与身份、地位、年龄差不多的人之间的交往。

侧视:是平视的一种特殊情况,指的是位于对方的侧面,面向对方、平视对方。关键要做到面向对方,否则很容易被认为是斜视对方,那是不礼貌的。

仰视:即位于低处,抬眼向上注视他人。一般面向尊长时使用,以示尊重、敬畏。

俯视:即抬眼向下注视他人。一般根据不同的语言环境有两种不同的意思,一则可以表示对于晚辈的宽容、怜爱,但也有对对方的轻谩和歧视。

3. 眼神禁忌

忌盯视。如果死死盯着一个人,特别是盯视他的眼睛,不管有意还是无意,都会令对方不悦,是一种无礼的行为。这样做会让别人感觉你在打坏主意,惹人反感。盯视在某些特殊场合作为一种心理战术而使用,而在正常的社交场合不要随便使用。

忌眯视。眯视指的是眯着眼睛看人。它给别人一种睥睨、傲视及漠然的态度,是不友善的一种眼神。在西方社会,如果对异性眯起一只眼睛,并眨两下眼皮,则表示调情,甚至是性骚扰,一位有修养的人是不会做出这种举动的。

另外还有斜视、瞥视、瞟视等都是不好的眼神,表现出无礼以及对他人的不尊重,不合礼仪。

(二) 微笑

英国诗人雪莱说:"微笑,实在是仁爱的象征,快乐的源泉,亲近别人的媒介。有了微笑,人类的感情就沟通了。"正确的微笑是上翘嘴角,双颊肌肉上抬,自然轻松,发自内心的笑。你的魅力、个性和亲和力,往往都从微笑开始。

笑容是一种令人愉快的面部表情,它能够拉近人与人之间的距离,为人际交往创造出轻松和谐的氛围,是人际交往的润滑剂。在笑容中,微笑最自然大方,最真诚友善,是世界人民普遍认同的基本笑容,它有以下几个方面的作用:

(1) 表现良好心境。面露平和欢愉的微笑,说明心情愉快,充实满足,乐观向上,热爱生活、热爱人生,人的最大魅力莫过于此。

(2) 表现充满自信。面带轻松自然的微笑时,表明对自己的有充分的信心。与人交往时如果不卑不亢、面带微笑,则易于赢得他人的信任及好感。

(3) 表现真诚友善。微笑反映自己心底坦荡,善良友好,待人真心实意,而非虚情假意,使人在与其交往中自然放松,不知不觉间就缩短了心理距离。

(4) 表现乐观敬业。工作岗位上保持微笑,说明热爱本职工作,乐于恪尽职守。在服务岗位上,微笑更是可以创造一种和谐融洽的气氛,让服务对象倍感愉快和温暖。

微笑是一种不分国籍的语言,能够充分体现一个人的热情、修养、魅力,最能赋予人以好感,增进友谊和人际交往。

微笑也是一种风度,空乘人员要经常保持笑容,要微笑服务。没有微笑的服务,实际上是损害了航空公司的形象,它给人的印象是没有教养、没有文化、没有礼貌,使宾至如归便成为一句空话。

俗话说:"出门看天色,进门看脸色。"实践证明,如果空乘人员以热情的话语、和蔼的态度、亲切的微笑来接待客人,就可以给航空公司带来宾客盈门。这同时也说明诚招天下客,客从笑中来,笑脸增友情,笑脸出效益。有人说:"微笑是通向世界的护照,是打动客人心弦的最美好的语言"。微笑服务,它既是一种职业要求,又标志着空乘服务水平的高低,同时也是空乘人员自身素质文明程度的外在体现。要做好微笑服务,必须加强职业道德和笑的艺术两方面的修养。

(5)掌握以下九种微笑方式:

对年长宾客,发出尊敬的微笑;

对年轻的宾客,发出热情、稳重的微笑;

对女宾客,发出贴心、关心的微笑;

对农民宾客,发出朴实、诚心的微笑;

对工人宾客,发出诚挚的微笑;

对年轻的伴侣,发出祝愿的微笑;

对儿童,发出欢愉、爱护的微笑;

对知识分子,发出文雅、大方、自然的微笑;

对无理取闹的宾客,发出自信、自重的微笑。

(6)微笑操作练习。在生活中,有些人不注意修饰自己的笑容,如拉起口角一端微笑,使人感到虚伪,捂着嘴角笑,给人以不大方的印象。重视美,也是对客人的尊重。笑是可以修饰、练习的,练习的步骤如下:

① 念"一"。练习时,要使双颊肌肉用力向上抬,口里念"一"音,用力抬高口角两端,但要注意下唇不要用力太大。

② 口眼结合。眼睛会"说话",也会"笑",如果内心充满温和、善良和厚爱时,眼睛的笑容一定非常感人。眼睛的笑容,一是"眼形美",二是"眼形笑",这也是可以练习的:取一张厚纸遮住眼睛下边部位,对着镜子,心里想着最使你高兴的情景,鼓动起双颊,嘴角两端做出微笑的口型。这时,你的眼睛会流露出自然的微笑,然后再放松面肌,嘴唇也恢复原样,目光仍旧含笑,这就是眼神在笑。学会用眼神与客人交流,这样的微笑才会更传神更亲切。

二、动作肢体语言

(一)上举

手臂上举时要做到姿态优雅,必要时可踮起后脚跟以增加身体的高度,同时女乘务员还要注意衣服的下摆,以免露出肚子。关行李架时,要面朝机头方向,左边的行李架用左手关,右边的行李架用右手关,另一只手自然垂在腹前。动作要轻缓,不能用力过猛。

(二)指示方位

指示方位时应五指并拢,小臂带动大臂,根据指示距离的远近调整手臂的高度,身体随着手的方向自然转动,目光与所指的方向一致,收回时手臂应略成弧线再收回。切忌用单个食指来指示方位,非常不礼貌。

(三)鞠躬

身体向前,腰部下弯,头、颈、背成一条直线,视线随着身体的移动而移动。迎送客的鞠躬度数为30°,行还礼时的鞠躬度数为30°,给旅客道歉时的鞠躬度数应视情节为45°。

（四）物品交递的方式

递交文件时，即使只有一页，也一定要用双手，并将文件的正面向着对方，使对方容易看清；接文件时，也要礼貌地双手拿取，注意不要让手从腰的位置落下来；归还文件时一定要将文件正面对着对方。

如果递送剪刀利器等尖锐物品，应将剪刀、小刀的柄递给对方便于对方拿取。如能添上另一只手，则非常恭敬。像别针之类的小东西，可以将它托在纸上或夹在上面，这样便于拿取。

（五）其他动作姿态

（1）提拿重物。单手拎包或单臂提物，若物品过重，则应尽可能将其分作重量大致相同的两包，分提于两手臂，平均受力，这样既省力又能保持良好的走姿，行走时不会因重心偏移而使身体左右摇晃。

（2）上下楼梯。上楼和下楼时，上身均保持直挺，且靠右行，勿低头看梯，双眼应平视前方。落脚要轻，重心一般位于前脚的脚前部，以求平稳。

（3）低处拾物。当你拾捡落地东西或取放低处物品时，最好走近物品，上身正直，单腿下蹲。那种直腿下腰翘臀或双腿下蹲的取拾拣物的姿势都是不可取的。

第4章 客舱服务礼仪

服务是指通过服务者的活动和各种有形设施满足消费者需求的过程。服务人员在服务中的行为、态度、穿着、仪表等给旅客带来的利益和享受是非常重要的。因此，以正确的惯有方式，对旅客表示出言语和行动上的尊敬，是一名服务人员工作时的应有行为，也是日常服务礼仪的基本要求。

空乘人员的服务礼仪水准，反应了航空公司服务和管理的水平，在一定程度上也是一个国家文明程度的反映。我们有必要从日常礼仪要求入手，通过日常服务礼仪的学习和培训，熟悉和掌握服务人员待人接物的基本原则，培养自己主动服务的意识，为今后从事空中乘务工作打下良好的基础。空乘服务工作存在极大的不确定性和差异性。在空乘服务工作中，旅客的异议处理也是日常工作内容。尽管这类现象是偶然的、个别的，但如果处理不当或者由此导致正面冲突，却往往会给双方带来不快，并且还会有损于企业的形象。企业和服务人员对于异议既要事先积极进行预防，力争将发生的可能减到最小，又要及时发现，并且妥善对其进行处理。作为服务人员，必须注意训练和锻炼自己良好的应变应对能力，才能消除异议，更好地服务于乘客。

4.1 客舱服务的基本内容

客舱是空乘人员的工作场所，客舱服务是空乘服务的主要工作内容，是指从乘客登机到离开飞机所必须得到的服务。客舱服务的主要内容可以用"内容繁杂、技术性强、要求较高"来概括。

一、礼仪服务

空乘人员要以饱满的热情、亲切的微笑、得体的鞠躬礼迎接每位乘客登机。迎宾礼仪是空乘为乘客服务的第一步，必须高度重视。空乘向顾客问候时的声音和内容是职业和礼貌的要求，也会让空乘在此后的谈话交流和服务中取得主动，因此，问候应主动热情，声音应清晰、柔和，使乘客在心理上产生舒心的感觉。

二、安全服务

飞行必须安全，空乘人员既是服务人员也是安全员，除了为乘客提供优质的服务，首先要确保乘客的安全。为乘客提供安全服务，应做到以下几点：

（1）应急设备检查。乘务人员登机后根据各自的责任，对照《应急检查单》核实应急设备的位置，确认其处于待用状态。

（2）航前清舱检查。

（3）旅客登机前的检查。经济舱的行李箱全部打开，使其处于安全状态；机组成员的行李、飞行包等放在储藏间里。

（4）乘客登机时的安全检查。观察乘客的状态，摆放行李，确认紧急出口位置处的乘客。

（5）机门关闭后的安全处理。

三、餐饮服务

机上餐饮是乘务服务的重要内容，是航空公司让乘客满意的服务理念的具体体现。餐饮服包括提供湿巾、饮料、酒水、餐食；为特殊旅客提供特殊餐食。餐饮服务根据不同舱位、航程长短、不同时间，提供的服务内容各不相同。

四、救助服务

空乘人员不仅是服务员、安全员，还应掌握基本的医护技能，在需要的时候承担医护人员的职责，对乘客在机上常见的病症、传染病实施机上紧急处置。此外，对于初次乘机过程中出现恐慌、畏惧的乘客提供心理服务，提供有益的开导，使其平安到达目的地。另外，对于乘客登机后出现的非常情况或困难应给予特殊救助。

五、娱乐服务

飞机作为交通工具，除了安全、快捷，还要轻松、舒适，乘务员要为乘客提供报纸、刊物、视听等娱乐性服务，使乘客轻松愉快地完成飞行。

六、咨询服务

回答乘客关心的各种问题，如航空知识、旅行注意事项、各地名胜古迹、风土人情等，这都需要空乘人员不断提高自己的文化修养，从内在提升自己，达到内外皆美的层次。

七、应急处置

空乘人员首先应保障乘客安全，在紧急情况下，有机长指挥，迅速采取处置措施，如应急撤离、火灾救助、客舱释压、紧急求救、危险平处理、客舱排烟等。

八、机上商务服务

机上商务服务指的是国际航班上提供的各种免税商品的服务。

九、乘客管理

为了保障乘客安全，对非正常乘客、需特殊服务的乘客、伤残乘客进行处理，使乘客享受旅程。

十、技术服务

技术性服务指的是与乘客乘机有关、协助乘客完成旅行过程的专业性较强的服务，主要是通过演示过程使乘客了解机上的安全设备、设施、用具等的使用；乘机过程中对乘客的基本要求，如紧急降落时的自我保护方式等。演示者必须精神饱满，动作规范，眼神与动作一致，始终保持甜美的微笑，展示航空公司的整体形象和空乘人员良好的精神风貌。此外，技术性服务还包括对乘客用规范的礼貌语言和得体的手势进行引导。

4.2 客舱服务的基本程序

客舱服务一般分为四个阶段：飞行前的预先准备阶段、飞行前的直接准备阶段、飞行中的飞行实施阶段和飞行后的航后讲评阶段。

一、飞行前的预先准备阶段

飞行前一天下午到航空公司准备室去进行飞行前准备，在准备会上要明了第二天的航班的起飞时间、机型、飞机号、航线数据等各个方面的资料，要复习在遇到紧急情况时各个号位的职责。乘务员必须对飞机上各种设备了如指掌,整个机组还要协商好碰到劫机等各种突发事件的时候的应对措施。

二、飞行前的直接准备阶段

飞行前要提前一个小时又十分钟到飞机上进行直接准备,首先要检查旅客服务面板上的各种设备是否功能正常,如阅读灯、呼唤铃、小桌板、桌椅靠背;乘务员面板上的各种灯光、话筒、音乐等各方面设备是否完好,尤其要考虑到紧急状态下氧气瓶里面的氧气是否够用、灭火瓶是否没用过、充气滑梯是否压力正常……在旅客登机前还要清点清楚餐食的配备以及机供品,厨房里该准备的茶叶、咖啡、方糖、咖啡伴侣等,并对餐食的数量和质量要把好关;检查盥洗室里的面巾纸、卷纸、肥皂、香水、坐垫纸是否配备齐全;最后检查客舱的卫生,整理好个人仪表仪容准备迎接旅客登机。

三、飞行中的飞行实施阶段

当旅客登机的时候,各个号位要站在各自的号位上用鞠躬礼和敬语迎接旅客的登机。在旅客登机的同时要向旅客介绍座位号码的所在,协助旅客安排行李,帮助老幼病残孕旅客找到座位,整理行李架上的行李,并随时注意旅客有任何需要。

旅客全部登机完毕之后,就要进行客舱安全示范动作的表演,随后进行客舱安全检查,包括系好安全带、调直椅背、收起小桌板、拉开遮阳板、扣好行李架、确认紧急出口和通道没有摆放行李,提醒旅客关闭手机。此外,乘务员还要关掉厨房电源,扣好各种锁扣、关好衣帽间和烤箱的门等,飞机准备起飞。

起飞五分钟后,乘务员进行广播并开始发报纸、发零食、发纸巾;如果是一个半小时以上的航班,则需要发餐前饮料,接着开始供应餐食,然后再发一遍饮料,加一遍饮料,收餐盘。有些航班还需要发纪念品、入境卡、海关申报单、健康申明卡等,并视情况帮助旅客填写这些表格,然后巡视客舱,注意旅客是否还有别的需要,如帮睡觉的旅客关掉阅读灯和通风口、盖毛毯;询问刚醒的旅客是否进餐。最好在旅客提出之前就看出他们的需要,帮助他们解决问题。

飞机要下降了,此时要再进行一遍安全检查,提醒旅客系好安全带、调直椅背、收起小桌板、拉开遮阳板、扣好行李架等。飞机落地,各个号位的乘务员站在各自号位上送走旅客,之后检查一下客舱里是否有旅客遗留的物品。

四、航后讲评阶段

为提高服务质量,航班结束后由乘务长组织对飞行中的服务情况进行讲评,总结经验,对出现的问题和失误提出批评改进措施,乘务长填写乘务日志,特殊情况要上报值班领导。

4.3 飞行过程中的乘客服务技能

作为高尚服务的标志,空乘人员要以最大的细心和耐心对待旅客,满足旅客的合理要求,真正做到"想旅客之所想,急旅客之所急",让旅客感受到民航服务的独特之处。乘务工作不单单是端茶送水,看似简单的有形服务,更是将对旅客的关心体贴融入其中的无形服务的综合体。有形服务可以用自然甜美的微笑、热情友好的方式传递给旅客;相比而言,无形服务是一种高级的服务,用健康愉悦的情绪去感染旅客,用宽容、体贴、友善的态度对待旅客,用优雅端庄的举止、自然风趣的谈吐去感动旅客,唤起旅客心灵上的共鸣,从而减轻旅客的旅途疲惫,使旅客如沐春风。这些就要求空乘人员不仅要熟练掌握为乘客服务的技能,更要懂得为乘客服务的艺术,要培养对空中服务工作的深厚感情。

一、洞察旅客的需求

空乘人员在飞机上会遇到各行各业、形形色色的旅客,模式化的服务显然是不适用的。要做好服务,要把服务做在乘客开口之前,细心地去发现,尽力做到贴心、周详。要做到这一点,可以根据旅客在服务交往中有意识和无意识的各种行为表现分析他们的心理。

(一)乘客的谈话方式

语言在人类交往中是使用最普遍、最常见的一种形式,乘务员和乘客之间的交往大多通过语言进行,我们可以从乘客的语言、语音、语调等方面来判断旅客的心理活动。有些乘客讲话滔滔不绝,会找你搭话,好奇地询问,甚至聊家常。这类乘客性格一般直爽、外向。在不影响工作的前提下,乘务员可尽量满足其好奇心。也有的旅客沉默寡言,不太搭理人,类似的旅客性格比较内向或自我保护意识较强,对于这类旅客就不要经常去打扰他。此外,口头禅也显示出一个人的个性特征。常说"说真的"、"老实说"、"的确"、"不骗你"等口头禅的人,一般都比较担心对方误解自己;常说"应该"、"不应该"的人一般有极强的自信心,显得很理智、冷静或比较爱表现,那么注意不能打击他们的自信心,而要努力去维护。

(二)乘客的面部表情

人的面部活动是心理的表现,是人的情绪最明显最直接的表现。例如皱眉头表示旅客内心烦躁,可能有什么不愉快或难解决的事情,在情况允许的时候,我们可以主动询问他是否需要帮助。鼻子可以表达感情,歪鼻子表示怀疑;鼻尖冒汗则表示紧张或痛苦,一些晕机厉害的旅客就常常鼻尖冒汗。嘴巴也能透露内心想法,嘴角上扬表示乘客内心愉悦,反之则表示悲伤。

(三)乘客的身体姿态

最常见的坐姿就可以分成坦诚开放的姿势、防卫对抗的姿势和紧张不安的姿势。摊开双手是很多人表现真诚和坦然的一种姿势。防卫对抗是一种小心戒备,隐藏个人意向以对抗他人侵辱的姿态。旅客中常有双臂交叉、两手放在腋下的姿势,这就是一种普遍而有代表性的防卫姿势,显示了一个人消极和防御的态度,往往是人处于紧张或彷徨的情况下出现的姿势。

二、理解旅客的心理

服务人员最怕乘客的刁难,但其实乘客并不是真的想刁难服务人员,而是在选择服务时有一个比较、考察的过程,这个过程也许就是所谓的"刁难",因此,服务人员一定要正确面对这种"刁难"。一般的顾客不会有意去刁难空乘人员,除非他们遇到一些影响情绪的事情,空乘人员不仅要学会察言观色,还要学会换位思考,理解乘客的各种心理,如期待、焦急、独享、优越、尝试、求全、以自我为中心……这就要求空乘人员常常设身处地为乘客着想,自己作为乘客希望得到什么样的服务,遇到同样的事会有什么感受等。

三、特殊旅客服务礼仪

老、弱、病、残、孕等旅客是航空旅客的重要组成部分,是空乘人员不可忽视的服务对象,通常称这些旅客为特殊旅客。为特殊旅客提供耐心、细心、周到的服务,是空乘人员应尽的责任。乘坐飞机的旅客有轻松、方便、舒适、安全、快乐的服务需求,特殊旅客更加需要细致的关怀,所以空乘人员要关注乘客、研究乘客、了解乘客的需求,站在特殊乘客的立场想问题,为特殊乘客提供职业化、人性化的服务。

（一）无成人陪伴儿童乘客的服务礼仪及特点

无成人陪伴儿童乘客简称 UM（Unaccompanied Minor），指年龄范围在 5~12 周岁，在没有年满 18 周岁且有民事行为能力的成人陪同下乘坐飞机的儿童。无成人陪伴儿童可以在不换机的前提下独自乘机旅行，也可在不备降或预计不会因为气象原因改乘或跳过目的地的航班上独自乘机旅行。根据航空公司不同机型的要求，每段航程承接无成人陪伴儿童的数量通常会有所限制。对无成人陪伴儿童乘客的服务要注意以下方面：

（1）登机时，首先要了解所持文件袋内文件是否齐全，了解接送小乘客人员的姓名、地址及电话号码，了解小乘客的身体情况、生活习惯、所携带物品及小乘客监护人提出的特殊要求等。

（2）指定一名空乘人员负责照顾小乘客，向小乘客介绍周围的服务设施、安全带、呼唤铃、阅读灯、临近的洗手间及使用方法。注意不要将小乘客安排在靠近紧急出口的座位。

（3）飞行中，照顾无人陪伴小乘客的空乘人员，要及时了解该儿童的冷暖情况，为其增减衣服，关注孩子的其他需求，及时提供帮助。

（4）饮食上尽量照顾儿童的生活习惯，对年龄较小的儿童，可帮助其分餐。小乘客的首选饮料是果汁，应以冷饮为主，如果提供热饮，以半杯为宜，并叮嘱其小心，以免烫伤。

（5）为乘客提供玩具、图书及文化娱乐用品，随时掌握小乘客的空中生活情况。

（6）飞机下降时，若儿童处于睡眠状态，要唤醒小乘客，以防止客舱内气压变化压迫耳膜。

（7）到达目的地后，要把小乘客的情况详细告知地面服务人员，并将其所携带的物品点交清楚，进行交接并签字。

（二）携带婴儿乘客的服务礼仪

携带了出生 14 天至 2 岁孩子的人称为携带婴儿乘客。对携带婴儿乘客的服务包括以下几点：

（1）妥善安排其随身携带物品，主动帮助乘客安放行李、提醒乘客将婴儿日常必需品放在便取之处。

（2）主动向乘客介绍客舱设备的使用，如呼唤铃、通风孔、洗手间的位置和使用方法，若洗手间有换尿布的设施应详细介绍。

（3）帮助抱婴儿的乘客在胳膊下面垫放枕头，怀抱时婴儿头部不要朝向过道，使其在旅途中能更为安全舒适。

（4）协助乘客系好安全带，应将婴儿安全带扣在成人安全带上，让乘客抱紧婴儿即可。

（5）为抱婴儿的乘客提供饮料时需注意饮料的位置，同时提醒乘客注意小桌板上的饮料，避免泼洒到婴儿身上。

（6）向乘客询问婴儿喂食、水的时间和分量，有无特殊要求等。

（7）如果需要空乘人员帮助抱小孩时，应采取正确的姿势。同时在触摸婴儿身体之前，要注意手部卫生。

（8）应时刻关注携带婴儿乘客的状况。婴儿睡觉时应及时提供毛毯和枕头。

（9）为避免耳压的不适，应提醒乘客照顾好婴儿并唤醒婴幼儿。

（10）下机时，帮助乘客整理随身携带物品，穿好衣服，提醒乘客抱好婴儿。

（11）帮助乘客提拿行李物品，送乘客下机。

（三）孕妇乘客的服务礼仪

怀孕不足 32 周的孕妇乘机，除医生诊断不适应乘机外，按一般乘客乘运。怀孕满 32 周但不足 35 周的孕妇乘机，应办理乘机医疗许可。该乘客医疗许可应在乘机前 7 天内签发才有效。对孕妇

乘客的服务包括以下几点:
(1) 了解孕妇情况是否符合乘机规定。
(2) 主动帮助提拿、安放随身携带物品,注意调节通风口,主动介绍客舱服务设备、洗手间的位置和使用方法,尤其是呼唤铃和清洁袋。将孕妇乘客安排在适当的座位,经常主动了解孕妇乘客的情况以随时照顾。
(3) 起飞和下降前为孕妇乘客在小腹下部垫一个枕头或毛毯,然后在大腿根部系上安全带,并示范解开的方法。
(4) 在餐食服务时,应了解孕妇乘客的饮食习惯,主动沟通,不断了解需求,尽量使其舒适。
(5) 为孕妇乘客多提供几个清洁袋,主动询问其乘机感受,随时给以照顾。
(6) 航班抵达后,帮助孕妇乘客整理随身携带物品,穿好衣服,帮助提拿物品,并送其下机。
(7) 如果飞行中遇到乘客出现分娩先兆,空乘人员要尽快将孕妇安排到与客舱隔离的适当位置。了解机上是否有医务人员,请他们协助处理;若没有,请其他空乘人员或女乘客协助,并及时报告机长,采取相应的措施。关闭通风孔,根据空乘人员所学的接生知识,安排、做好分娩工作。

(四) 老年乘客的服务礼仪

60岁以上的人称老年人。尊老爱幼是中华民族的传统美德,老年人一般不易接受新鲜事物,不愿轻易尝试,有些还有较强的不服老心态。老年乘客登机时一定要主动询问其是否需要帮忙,热情搀扶老年乘客上下飞机。对老年乘客的服务应注意以下几点:
(1) 主动帮助提拿、安放乘客随身携带的物品及拐杖,安排座位。老年人使用的手杖应放在座椅下或由空乘人员妥善保管。同时需要做好解释工作,以免老年人产生不安心理。
(2) 空乘人员主动介绍安全带的使用方法,并帮助其操作。
(3) 应主动使用较亲切的称呼,来减缓老人的紧张情绪。
(4) 如果是无人陪伴的老人应安排在离空乘人员较近的座位方便照顾。
(5) 老年乘客腿部易冷,主动提供毛毯,帮助盖毛毯时应注意把脚、腿盖上,或适当垫高下肢。
(6) 为老年人提供供应的食品时,尽量送热饮、软食。
(7) 与老人谈话时,声音可略大些,速度要慢,语言简练、柔和。
(8) 飞行中经常去看望老年乘客,主动嘘寒问暖,工作空余时多与他们交流,以消除老人寂寞,缓解其心理不适,态度要诚恳。
(9) 下机时应将保管的拐杖等及时交还给老年乘客,并提醒其别忘了自己随身携带的物品,搀扶老人下机。下机后,可交代地面服务人员给予照顾。

(五) 重要乘客的服务礼仪

重要乘客指重点服务对象,即VIP服务。相关服务礼仪要求如下:
(1) 乘务组获知重要乘客乘机信息后,应尽量了解其相关资料。
(2) 接待重要乘客时,称呼其姓氏及职务。由指定空乘人员引导入座,帮助其提拿、安放行李。
(3) 指定空乘人员专门为重要乘客提供服务,供应餐食、饮料时主动征求重要乘客或其陪同人员的意见,如有特殊要求,应尽量满足。
(4) 优先通知重要乘客到达目的地的时间及天气情况。
(5) 航班不正常时,优先通知重要乘客航班信息,并尽量满足其需求。
(6) 在航班任务结束前,向重要乘客征询对服务工作的意见。
(7) 下机时,优先将其送至机门口并帮助其提拿行李;经济舱的重要乘客下机时,视情况在头等舱乘客下完后,在安排其优先下机。

4.4 日常接待礼仪

在现代社会中,人们不仅讲究礼仪、运用礼仪,而且在不同的场合、不同的位置上还被要求遵守各不相同的礼仪规范。在正常情况下,越是正规的场合,地位越是重要的人士,越需要讲究礼仪。本着"知己知彼"的原则,从事迎送来宾的接待人员,有必要对有关状况掌握得详尽具体、细致入微。在此方面倘若稍有不足之处,就有可能产生连锁反应,影响全部迎送活动乃至整个接待工作的顺利进行。要将迎送来宾工作进行得圆满顺利,达到双方都满意的效果,接待方有关人员首先应对来访人员的具体状况予以充分掌握,这是接待人员做好迎送工作的基本保证。在迎送活动中,一些有关来宾的总体情况,如具体人数、性别概况、组团情况及负责人等,接待人员亦应予以关注。接待对象在来访之前,必定会制订具体的访问计划。在迎送活动开始前,以及在具体进行中,接待人员对于对方提出的要求或者意见、建议,均应认真听取,并予以充分考虑。

一、迎送

迎送礼仪也是公关交际中的必要一环,这其中也同样有许多公关人员所必须知道和掌握的知识与技巧,应当掌握其中的规范。迎来送往是常见的社交礼节。迎送是接待服务中最常见的礼仪活动。迎送活动的规格有高低,仪式有简繁,但几乎任何一次接待活动都不能缺少。迎送的对象按其性质分:有专程前来也有顺道路过;按其级别分职务各有高低;按人数分有大型的代表团也有数人乃至一人的。接待中通常根据其身份地位、来访性质及其与当地的关系等因素,安排相应的迎送活动。

当客人来访时,你应该主动从座位上站起来,引领客人进入会客厅或者公共接待区,并为其送上饮料,如果是在自己的座位上交谈,应该注意声音不要过大,以免影响周围同事。切记,始终面带微笑。

(一)迎送礼仪——规格确定

迎送规格,一般应遵循对等或对应原则,即主要的迎送人员应与来宾的身份相当或相应。若由于种种原因,主方主要人员不能参加迎送活动,使双方身份不能完全对等或对应,可以灵活变通。以对口原则,由职务相宜人员迎送,但应及时向对方作出解释,以免误解。

为了简化迎送礼仪,目前主要迎送人员更多地在来宾下榻的宾馆(或饭店)迎接或送别,而另由职务相宜人员负责机场(或车站、码头)的迎送。

对来宾的迎送规格各国做法不尽一致。确定迎送规格,主要依据来访者的身份和访问目的,适当考虑两国关系,同时要注意国际惯例,综合平衡。主要迎送人通常都要同来宾的身份相当,但由于各种原因(如国家体制不同,当事人年高不便出面,临时身体不适或不在当地等),不可能完全对等。遇此情况,可灵活变通,由职位相当的人士,或由副职出面。总之,主人身份总要与客人相差不大,同客人对口、对等为宜。当事人不能出面时,无论作何种处理,应从礼貌出发,向对方作出解释。其他迎送人员不宜过多。也有从发展两国关系或当前政治需要出发,破格接待,安排较大的迎送场面。然而,为避免造成厚此薄彼的印象,非有特殊需要,一般都按常规办理。

(二)迎送礼仪——迎送前的准备

1. 了解来宾抵离的准确时间

接待工作人员应当准确了解来宾所乘交通工具的航班号、车次以及抵离时间。将这些情况和迎送人员名单一并通知机场(或车站、码头),以便做好接站(或送站)准备。

接、送站前,应保持与机场(或车站、码头)的联系,随时掌握来宾所乘航班(或车次)的变化情况。如有晚点,应及时作出相应安排。

接站时,迎候人员应留足途中时间,提前到达机场(码头或车站),以免因迟到而失礼。

2. 排定乘车号和住房号

如果来宾人数较多,为了在接站时避免混乱,应事先排定乘车号和住房号,并打印成表格。在来宾抵达后,将乘车表发至每一位来宾手中,使之明确自己所乘的车号。同时,也便于接待人员清点每辆车上的人数。住房表可随乘车号一同发放,也可以在前往下榻宾馆的途中发放。住房表可以使来宾清楚自己所住的房间,也便于来宾入住客房后相互之间联系。

3. 安排好车辆

根据来宾和迎送人员的人数,以及行李数量安排车辆。乘车座位安排应适当宽松,正常情况下,附加座一般不安排坐人。如果来宾行李数量较多,应该安排专门的行李车。如果是车队行进,出发前应明确行车顺序,并通知有关人员,以免行进中发生错位。

4. 献花

如安排献花,须用鲜花,并注意保持花束整洁、鲜艳,忌用菊花、杜鹃花、石竹花、黄色花朵。有的国家习惯送花环,或者送一两枝名贵的兰花、玫瑰花等。通常由儿童或女青年在参加迎送的主要领导人与客人握手之后,将花献上。有的国家由女主人向女宾献花。

(三) 迎送礼仪——陪车

客人抵达后,从机场到住地,以及访问结束,由住地到机场,有的安排主人陪同乘车,也有不陪同乘车的。如果主人陪车,应请客人坐在主人的右侧。如是三排座的轿车,译员坐在主人前面的加座上;如是二排座,译员坐在司机旁边。上车时,最好客人从右侧门上车,主人从左侧门上车,避免从客人座前穿过。遇客人先上车,坐到了主人的位置上,则不必请客人挪动位置。

如果陪客人同乘一辆车,要首先为客人打开轿车的右侧后门,并以手掌挡住车篷上沿,提醒客人不要碰头。等客人坐好后,方可关门。最后,公关人员应绕过车尾从左侧后门上车。

轿车上的座次有主次尊卑讲究。在中国的传统礼仪中,有这样的意识认为,车上最尊贵的位置是后排与司机的座位成对角线的座位,即后排右座。其余座位的主次尊卑次序是:后排左座、后排中座、前排右座。简言之,即右为上,左为下;后为上,前为下。如果客人随便坐在哪个座位上,这个座位就是上座,接待人员不要去纠正。如果两人乘车,可坐在后排;若三人乘车,而且是同性,可以前排坐一位,后排坐两位;如果三人男女皆有,那么可以全部坐在后排;一男二女的情况下,女士坐一侧,男士坐另一侧;二男一女的情况下,宜请女士居中,男士分别坐在两侧。抵达目的地时,接待人员要先下车,从车尾绕过去为客人打开车门,以手挡住车篷上沿,协助其下车。

(四) 迎送礼仪——迎送环节

1. 介绍

主客双方见面时,应互相介绍。按通常礼仪,应先把主人介绍给来宾,然后再把来宾介绍给主人,介绍顺序以职务的高低为先后。介绍人可由双方职务最高者或工作人员担任。如果主宾双方职务最高者本已认识,则最好由他们分别依次介绍各自人员。也可以由双方的工作人员介绍。介绍形式一般以口头介绍为主,如果人数不多,也可以用互换名片的形式。

2. 提取、托运行李

如果来宾行李较多,应安排专门工作人员,负责清点、运送行李并协助来宾办理行李的提取或拖运手续。提取行李时如需等候,应让迎宾车队按时离开,留下有关人员及行李车装运行李;送行时,如果来宾需交付托运的行李较多,有关人员应随行李车先行,提前办理好托运手续,以避免主宾及送行人员在候机(车、船)厅等候过久。

3. 注意与宾馆(饭店)的协调

来宾下榻在宾馆(饭店),生活安排是否周到、方便,与宾馆(饭店)的服务水平密切相关,来宾抵离宾馆(饭店)时,具体事务较多,更应做好有关事项的协调衔接。

当重要来宾抵离时,接待工作人员应及时通知宾馆(饭店),以方便宾馆(饭店)组织迎送、安排客房、就餐和进出行李等。来宾入住客房,以便捷、迅速为原则,重要来宾、人数较多的代表团更是如此。为了避免来宾抵达后聚集大厅长时间地等待,接待工作人员应与宾馆(饭店)主动联系,密切配合,进行过细的安排。通常住房安排表在抵达住地前发给每位来宾,使每人清楚自己入住的房号。在宾馆(或饭店)迎送处设领钥匙处,来宾抵达时,根据他们自报的房号分发住房钥匙。也可以在保证安全的前提下,事先打开房门,使来宾抵达后直接进房。不论采用何种形式,主宾入住客房,应有专人陪同引导。来宾入住登记或离店手续,可在适当时间由接待人员协助办理。

来宾进店时,应通知行李房,及时将来宾行李分送各人房间或集中送到某一房间;来宾离店前,应和行李房约好出行李的时间,出行李应适当提前,以免发车前主宾和送行人员长时间等待。

(五) 迎送礼仪——商务谈判

迎送礼仪是商务谈判中最基本的礼仪之一。这一礼仪包含两方面:一方面,对应邀前来参加商务谈判的人士——无论是官方的人士、专业代表团,还是民间团体、友好人士——在他们抵达时,一般要安排相应身份的人员前去迎接;另一方面,谈判结束后,要安排专人欢送。

(1) 确定迎送规格。迎送规格主要依据三方面的情况来确定,即前来谈判的人员的身份和目的,中方与被迎送者之间的关系以及惯例。

(2) 掌握抵达和离开时间。迎候人员应当准确掌握对方抵达时间,提前到达机场、车站或码头,以示对对方的尊重,只能由你去等候客人,绝不能让客人在那里等你。送别人员应事先了解对方离开的准确时间,提前到达来宾住宿的宾馆,陪同来宾一同前往机场、车站或码头;亦可直接前往机场、车站或码头恭候来宾,与来宾道别。在来宾临上飞机、火车或轮船之前,送行人员应按一定顺序同来宾一一握手话别。

(3) 做好接待的准备工作。

(4) 在得知来宾抵达日期后应首先考虑到其住宿安排问题。

二、引导与指示

接待人员带领客人到达目的地,应该有正确的引导方法和引导姿势。

(一) 走廊的引导方法

接待工作人员在客人二三步之前,客人走在内侧。

(二) 楼梯的引导方法

引导客人上楼时,应让客人走在前面,接待工作人员走在后面,若是下楼时,应该由接待工作人员走在前面,客人在后面。上下楼梯时,应注意客人的安全。

(三) 电梯的引导方法

引导客人乘坐电梯时,接待人员先进入电梯,等客人进入后关闭电梯门,到达时,接待人员按"开"的钮,让客人先走出电梯。

(四)出入房门

陪同、引导客人时,需快步上前为对方开门,为了表示自己的礼貌,还应请客人先进先出。

开关房门时,应尽量避免采用肘部顶、膝盖拱、臀部撞、脚尖踢、脚跟蹬等方式,这样会显得很粗鲁。

客人走入客厅,接待工作人员用手指示,请客人坐下,客人坐下后,行点头礼后离开。如客人错坐下座,应请客人改坐上座(一般靠近门的一方为下座)。

服务人员进入房间前,由弱到强地轻轻叩门是非常必要的,切不可以冒失地突然闯入。

(五)陪同引导

陪同引导是服务人员经常使用的礼仪动作,引导时的方位、速度、关照及体位等都需要注意。

请客人开始行走时,要面向对方,稍微欠身。在行进中可以与对方交谈或进行介绍,并把头部、上身转向对方。

双方并排行走时,服务人员应居于左侧。

需要指引路线时,服务人员要居于客人左前方约1米左右的位置引领。

引领时,服务人员行走的速度要以客人的速度为准,保持与对方协调一致的速度,不可以走得过快或过慢。

每当经过拐角、楼梯或道路坎坷、照明欠佳的地方时,需要以手势或语言提醒客人留意。

(六)上下楼梯的引导方法

服务人员上下楼梯或自动扶梯时最好不要并排行走,而要从楼梯的右侧上下,也就是礼仪中所讲的"右上右下"原则。为的是让有急事的人可以从楼梯左边的急行道通过。

服务人员要注意礼让他人。上下楼梯时,不要与他人抢行。如果其他人有急事,可以请对方先走。

服务人员如与顾客或级别和身份比自己高的人同行,上楼梯时最礼貌的做法是走在对方的后面;而下楼时,则应该走在对方的前面。

4.5 顾客异议处理

客户投诉是服务行业经常遇到的问题,因此,如何有效地处理各种投诉也是当今各个行业的难题。处理客户投诉必须掌握方法,无论受到怎样的责难或是批评,都应虚心受教,诚心对待,即使再严厉的责备也是如此,绝对不能出现与客户争辩的情况。

一、旅客异议的产生原因

(一)企业自身的原因

1. 产品质量无法满足顾客

良好的产品质量是顾客塑造满意度的直接因素,对于服务这种无形产品也是这样。对于服务的质量评估不但贯穿了顾客在从进入到走出服务系统的全部经历过程,还会延伸到顾客对服务所产生的物质实据的使用过程中。如一个顾客在超市选购商品,一方面,能不能在超市中以合适的价格顺利地买到质量合格的商品是决定顾客是否满意的主要判断标准;另一方面,即使商品的质量没有问题,但如果在使用的过程中,顾客发现使用该商品得到的效果并不是像他自己想象的那样,他也会对整个超市的服务产生不满,进而产生抱怨。

2. 服务无法达到顾客的要求

服务是一种经历,在服务系统中的顾客满意与不满意,往往取决于某一个接触的瞬间。如服务人员对顾客的询问不理会或回答语气不耐烦、敷衍、出言不逊;结算错误;让顾客等待时间过长;公共环境卫生状态不佳;安全管理不当,店内音响声音过大;对服务制度如营业时间、商品退调、售后服务以及各种惩罚规则等,都是造成顾客不满、产生抱怨的原因。

3. 对顾客期望值管理失误

服务企业对顾客期望值管理失误导致顾客对于产品或服务的期望值过高。在一般情况下,当顾客的期望值越大时,购买产品的欲望相对就越大。但是当顾客的期望值过高时,就会使得顾客的满意度越小;顾客的期望值越低时,顾客的满意度相对就越大。因此,企业应该适度地管理顾客的期望。当期望管理失误时,就容易导致顾客产生抱怨。

(二) 顾客的原因

1. 弥补损失

顾客往往出于两种动机提出投诉,一是为了获得财务赔偿,即退款或者以免费再次获得该产品及服务作为补偿;另一种是挽回自尊,即当顾客遭遇不满意产品、服务,不仅承受的是金钱损失,还经常伴随遭遇不公平对待,对自尊心、自信心造成伤害。

2. 性格的差异

不同类型顾客对待"不满意"的态度不尽相同,理智型的顾客遇到不满意的事,不吵不闹,但会据理相争,寸步不让;急躁型的顾客遇到不满意的事必投诉且大吵大闹,不怕把事情搞大,最难对付;忧郁型的顾客遇到不顺心的事,可能无声离去,决不投诉,但永远不会再来。

(三) 环境因素

环境因素是指顾客与企业所不能控制的,在短期内难以改变的因素,包括经济、政治法律、社会文化、科学技术等方面。

1. 文化背景

在不同的文化背景下,人们的思维方式、做事风格有别,因此顾客投诉行为也存在差异。在集体主义文化中,人们的行为遵从社会规范,追求集体成员间的和谐,按照"我们"的方式思考;不喜欢在公众场合表露自己的情感,尤其是负面的;对事物的态度取决于是否使个人获得归属感,是否符合社会规范,能否保持社会和谐并给自己和他人保全面子。因此,他们更倾向于顾客私下抱怨。而在个人主义文化中,人们追求独立和自足,用"我"的方式思考,喜欢通过表现自己的与众不同、表达自己的内心感受,来实现自我尊重。因此,他们更倾向于投诉。由此可见,文化背景对投诉行为的影响是通过影响顾客的观念,如对投诉的态度。

2. 其他环境因素

除了文化背景和行业特征之外,一个国家或地区的生活水平和市场体系的有效性、政府管制、消费者援助等都会影响顾客的投诉行为。

二、旅客异议的正确应对

投诉对机场来讲,它能使我们及时发现工作中的不足和漏洞,因为在不满意的旅客里,只有很少一部分人会提出投诉,而投诉也是我们发现问题和改进工作现状的契机。从这个意义上讲,投诉是困难与机会并存的。为此,每一位工作人员都应该掌握处理投诉的程序、方法及技巧。能否妥善

解决旅客投诉,直接影响到服务质量和长沙机场的形象。具体步骤如下表4.1所列,而在具体操作过程中侧应该遵循以下原则:

(一) 耐心倾听

当旅客前来投诉时,首先要尊重旅客。旅客只有在利益受到损害时才会投诉,作为旅客诉求受理人员要专心倾听,并对旅客表示理解,必要时做记录。"冲动的旅客是火,冷静的工作人员是水,水能克火。"当旅客抱怨、投诉时,工作人员务必保持冷静,认真倾听,切不可贸然打断。假如此时工作人员没有冷静面对,而是"刀兵相见,分清对错",势必使双方矛盾激化。有效处理旅客投诉的第一原则就是:耐心倾听旅客的抱怨,避免与其发生争辩冲突,待旅客情绪平静后再与之沟通。如图4.1所示。

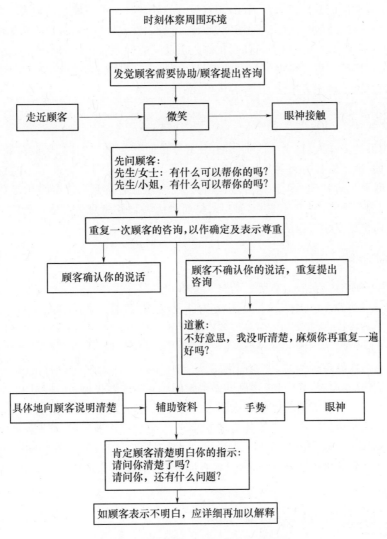

图4.1 旅客异议一般情况的处理步骤

(二) 换位思考

工作人员应了解旅客投诉的三种心态:发泄不满、希望得到尊重、要求补偿。工作人员应根据

73

具体情况分析,判断出旅客投诉的目的,区别对待。有时旅客提出过分要求,大多数是因为不了解具体情况,并非有意为难敲诈。一般来说,旅客的要求并不苛刻,不近情理的旅客毕竟属于少数。无视旅客的感受是处理投诉的大忌。工作人员必须以旅客为中心,换位思考,将心比心,无论遇到任何问题,自己先稳住冷静,不要与旅客分清责任,而是先表示歉意,承认过失,然后再采取策略。

(三)快速处置

倾听投诉后不采取行动解决问题是一个空壳子。发生投诉后要用积极的态度去处理,不应回避。对旅客的不满或抱怨,一定要在第一时间做出反应,反应的时间越及时越有利于问题的解决。对旅客投诉的第一反应不是分析对错,也不是明确责任,而是使旅客满意,防止旅客越级投诉。不同的处理方式会产生不同的效果,处理时间拖得越长,处理的难度就越大,失败的处理会造成旅客对服务质量与投诉期望的双倍背离。因此,旅客投诉的处理必须迅速地想出解决方案,采取强有力的处理措施,迅速、果断地解决问题。现场能够及时解决固然最好,但如遇到的问题比较复杂,牵涉面广,一时解决不了或不知如何解决,这时,工作人员就不应向旅客作任何承诺,而是应向旅客说明原因,以诚相待,这样反而更容易得到旅客的理解。再把准备采取的措施以及解决问题的方法告诉旅客,征求旅客意见,了解旅客想法,让旅客认可、满意。

(四)跟进结果

处理旅客投诉的工作人员,由于职责所限,往往不能直接去解决问题,但应对处理结果进行跟进,给予关注。如,确定旅客的问题是否最终得到了解决;了解旅客对处理结果的意见;问题解决后,应该与旅客联系了解其满意度。这种跟进与关注,会让旅客感到自己受重视被尊重,机场时刻"以旅客为中心,提升服务质量"不是一句口号,从而对机场服务提升满意度。此外,应对旅客再次表示歉意,对其向机场反映问题的举动表示感谢。

(五)及时总结

当整个事件处理完毕后,应对事件进行深入分析和研讨,找出问题,总结经验教训,正确认识到工作中的足与不足;明确今后工作的方向,少走弯路,少犯错误,提高服务工作效率。同时将该事件作为教案,对员工进行培训,使员工举一反三,在今后的工作中少犯或不犯类似事情,从而起到警示教育作用。

总之,工作人员在处理投诉时,先处理情感,后处理事件。在处理投诉时,宜粗不宜细,抓住主干,不要为一些枝节问题与旅客争论,正确的做法是耐心倾听旅客投诉,抓住问题的要害,采取有效的措施加以解决,不要在没搞清旅客有什么要求的前提下,侃侃而谈,将自己的概念、处理结果强加在他们身上,令其无所适从。在日常接到旅客投诉时,作为现场管理人员,首先就要学会倾听,这是成功沟通的前提;其次做到"五点":耐心多一点、态度好一点、语言得体一点、动作快一点、办法多一点。请记住:要站在旅客的角度看问题。只有如此,才能提高旅客满意度,才能持续提升服务水平。

三、有效处置旅客投诉应的技巧策略

服务人员必须善处理旅客投诉和建议,了解对不同旅客采取相应的应对策略,才能达到旅客满意的目的,以提升民航机场服务水平。

(一)感情用事者——稳

这类旅客很容易受感情支配,在接受服务时有较强的情绪色彩,心态常常跟着感觉走,遇到不满时情绪激动,或哭或闹。

面对这类旅客时要立足于"稳",保持镇定,适当让旅客发泄,对其反映的情况表示理解,尽力安抚,告诉旅客一定会有解决方案,在语气上注意谦和但有原则、软硬兼施。

(二) 以正义感表达者——尊

这类旅客爱以"打抱不平者"、"包青天"的形象自居,通常语调激昂,认为自己在为捍卫公平和拯救苍生而尽力。

面对这类旅客时要立足于"尊",肯定旅客,并对其反映问题表示感谢,告知机场的发展离不开广大旅客的爱护与支持,与包括其在内的旅客的建言献策分不开,满足其受尊重的需求。

(三) 固执己见者——缓

这类旅客在接受服务的过程中以我为主,坚持自己的意见,不听劝告和忠言,爱钻牛角尖。

面对这类旅客时要立足于"缓",先表示理解旅客,从旅客的角度向其解释民航规定并为其提出解决方案,力劝旅客站在互相理解的角度解决问题。

(四) 有备而来者——专

这类旅客大都有相当的常识,对相关法规有一定的了解,注意细节,善于发现不宜被人注意之处,甚至会记录处理人的谈话内容或录音。

面对这类旅客时要立足于"专",处理者一定要清楚机场的服务政策及有关规定,充分运用政策及技巧,语调要充满自信;同时要抓住时机,适度赞扬其高见、独具慧眼,寻求为旅客解决问题的方案。

(五) 冷静思想者——理

这类旅客遇事沉稳、冷静、客观,不易冲动,具有较强的自我控制能力。

面对这类旅客时要立足于"理",对其晓之以理,阐明并出示相关规定,向其表明我们希望解决旅客问题的诚意。

(六) 有社会背景、宣传能力者——敬+专

这类旅客通常是某重要行业的领导、电视台、报社记者或律师,在遇到不满足其要求时常常以实施曝光威胁。

面对这类旅客时要立足于"敬+专",处理者要谨言慎行,尽量避免使用文字,对处理过程和结果要认真记录,及时上报有关部门研究,寻求上级支持。

(七) 生性多疑者——诚

这类旅客爱对周围的事物产生怀疑,对任何人、任何事持怀疑态度,甚至对规定也持怀疑态度,或担心被歧视。

面对这类旅客时要立足于"诚",应以亲切的态度与之交谈,千万不要与其争辩,更不能向其施加压力。在处理时要注意观察旅客的困扰处,以朋友般的语气询问"我能帮你忙吗",等其心态气和时,再拿出相关规定,使其信服。

(八) 圆滑难缠者——法

这类旅客的特点是老练、世故、难缠,总是先固守阵地,预设立场,而后提出各种尖锐的问题,有

时还会提出附加条件。

面对这类旅客时要立足于"法",千万不要中其圈套,以理服人,对其问题各个击破,在其触犯法规时要义正言辞,告知后果。

(九) 内向含蓄者——度

这类旅客生活比较封闭,对外界反应冷淡,不易冲动,同时对我们的态度、举止非常敏感,并且讨厌我们的过分热情。

面对这类旅客时要立足于"度",做到礼节适度,忌过热过冷,对其反映的问题按程序处置,并告知处理结果。

(十) 忠厚老实者——礼

这类旅客很友好,并且对我们也比较信任,没有主见,态度友好。

面对这类旅客时要立足于"礼",按规范服务,落实标准,在与其交流时要注意摆事实,讲道理,必要时请领导出面,以争取旅客的最大理解和同情。

俗话说,"百人吃百味"。每个旅客的性格不同,其在接受服务过程中的心理状态及需求也不一样,这就要求我们在工作实践中不断总结和创新。在处理旅客投诉、建议的过程中因人、因时、因境制宜,采取不同的策略与技巧,从而不断提高服务质量,提升旅客满意度,全面提升民航服务水平。

四、常见难题处理——航班延误

(一) 航班延误的原因

影响航班正常的原因很多,而且多是不以人的意志为转移的客观因素。具体而言涉及到天气、流量控制、工程机务、运输服务、飞机周转、来程晚到、安全检查、油料供应、航材保障、机场设施等21个方面。

1. 天气原因

影响航班正常最大的因素是天气原因,要解决这个问题必须从基础设施抓起。如果地面导航设备跟不上,必然会大量延误航班。目前全国105个机场有一类盲降设备按一类标准运行的只有52个,还有53个机场迄今没有盲降设备;有气象自动观测设备的机场只有9个。

2. 流量控制原因

从主观上看,首先作航班计划时,计划外增加的航班超过了按目前空中交通管制规定所允许通过的最大飞行流量。其次,过多地安排了临时加班、包机飞行,超过了可通过的最大飞行量。再者,某些高空管制区和管制区扇面的划分不合理。一个高空区内有的分了扇面,有的却没有分,造成飞行流量的增容。从客观上来看,主要是航路少、机场终端区进出口少、高度层少。

3. 机械故障原因

除了机务维修人员工作出现失误和差错,对重复性故障没有认真及时组织排除外,航材供应不及时,航班安排得太满,没有足够的时间完成定检也是造成机械故障影响航班正常的重要原因。

4. 运力调配问题

航空公司在安排航班计划时,没有留足备份运力,往往是将备份运力安排临时加班、包机,一旦遇到航班不正常,尤其是当不正常航班较多时,运力调配困难,甚至没有备份飞机替代。

5. 乘客自身原因

据统计,因乘客原因导致的航班延误占不正常航班的3%,和因飞机故障造成的延误比例相差无几。常见的情形有:乘客晚到,在航班办理登机手续截止时间之后才赶到;通知上飞机时乘客不辞而别,尤其是直达乘客在飞机经停经常走了;一些常坐飞机的乘客,在通知登机后,往往拖到飞机起飞时间到了才登机;乘客办完乘机手续后到候机楼内购物、看书、打电话、用餐,不注意听登机广播;国际中转航班在办理出入境手续时由于乘客证件等问题,耽误时间;乘客因航班延误等其他服务问题拒绝登机等过激行为等。

此外,由于油料供应不足或加油车出勤不及时,运输服务工作出现差错等原因,使乘客不能按时登机等,也是造成航班延误的原因。

(二) 航班延误,服务不能延误

航班延误本来是空中服务之外的因素,但会直接影响到空乘服务的质量。虽然在餐食问题上,航空公司会周全地考虑旅客的需要,但仍很难做到让每一个旅客都满意,旅客会从消费者的权益角度看待公司的服务承诺,如无法满足,必然引起不满,引发服务失误。

由于随机因素,特别是不可抗力造成的服务失误是不可控因素,所以航空公司服务补救的重点不在服务结果的改进上,而在如何及时、准确地将服务失误的原因等信息传递给旅客,从功能质量上予以有效的"补偿"。

乘客最难以忍受的是服务提供者在航班延误后所提供的信息不及时、不详细,难以让消费者信服和理解;对乘客提供的饮食服务程序不透明,消费者不知道多长时间才能获得餐饮服务,也不了解所提供的饮食食品的数量有多少;在延误时间较长的情况下,航空公司和机场没有及时告知乘客享有的退票、转签、由经营者安排食宿等服务的选择权;对由于航班延误给乘客带来的各种损失和种种不便,航空公司和机场未能向乘客表示歉意,也未能明确告知旅客在什么样的情况下他们有权获得相应的赔偿。从乘客的角度看,最有效的补救就是当发生了失误后,一线空乘服务人员能够立刻采取补救措施。有时可能乘客需要的仅仅是一句真诚的道歉或者关于某一问题的合理解释而已,这些并不需要空乘人员一级级向上级请示。乘客最厌恶无休止的等待,更不愿被人从某个部门或某个人推给另一个部门或另一个人。直接接触乘客的一线空乘服务人员应该成为及时处理旅客投诉的重要力量。

第5章 空乘人员日常生活中的礼节

对空乘人员来说,不仅要注意在工作场合中的礼仪规范,更要做好在日常生活中的礼仪。日常生活中的礼仪,往往能够体现一个人、一个城市乃至一个国家的素质,并且能迅速帮助你在对方心里建立起一个良好的形象。我们在日常生活中,每时每刻都在与人交往,不管是因公因私,或大或小,人只要与另一方发生关系,交往活动就产生了。随着社会越来越开放,社交礼仪也就越来越成为人们社会生活中不可缺少的内容。讲究交际技巧,遵守一定的礼仪规范,已成为文明社会生活的一项重要标志。见面时的打招呼或递送名片、接打电话等每一个场景中的礼貌用语都是日常生活中的交往细节,在交往过程中给对方留下什么样的印象是非常重要的。

5.1 见面礼仪

见面是交往的开始,它给人留下第一印象,对交往的深度和广度起着决定性的作用。在交往中,见面时行一个标准的见面礼,会给对方留下深刻而又美好的印象,直接体现出施礼者良好的修养的需要,并对今后的交往产生积极的影响。

一、问候礼仪

见面问候礼仪,也就是人们相逢之际所打的招呼,所问的安好的礼仪。见面问候礼仪的主要的用途,是在人际交往中打破僵局,缩短人际距离,向交谈对象表示自己的敬意,或是借以向对方表示乐于与之结交之意。所以说,在与他人见面之时,若能选用适当的问候礼仪,见面问候礼仪语往往会为双方进一步的交谈,做好良好的铺垫。

致意是已相识的友人之间在相距较远或不宜多谈的场合用无声的动作语言相互表示友好与尊重的一种问候礼节。致意时应诚心诚意,表情和蔼可亲。致意是一种不出声的问候,它是随着生活节奏的加快而随之流行的一种日常人际交往中使用频率最高的见面礼。碰上熟人,应当跟他问候礼仪。若视若不见,不置一辞,难免显得自己妄自尊大。这是最基本的礼貌要求。但也不宜在马路上聊个不停,影响他人走路。女士偶然在路上遇见不太熟悉的男士,理应点头招呼,但不要显得太热情,也不要用冷冰冰的面孔来点头;男士偶然在路上遇见不太相熟的女士,应首先打招呼,但表情不可过分殷勤。

一般来说,致意是一种无声问候,因此向对方致意的距离不能太远,以2米~5米为宜;也不能在对方的侧面或背面。见到很久不见的老朋友,不要大声惊呼,也不要隔着几条马路或隔着人群就大声呼唤。寒暄之后,如果还想多谈一会儿,应该靠边一些,避开拥挤的行人,不要站在来往人流中进行攀谈。当然,有时相遇者侧身而过时,施礼者在用非语言信号致意的同时,也可伴之以"您好""早上好"等问候语,使致意增加亲密感,受礼者应用同样的方式以示答谢。

致意的方式多种多样,常用的有五种:一是举手致意,通常不必作声,在公共场合远距离遇到相识的人,一般是抬起右臂,向前方伸直,轻轻摆摆手或挥挥帽即可。二是点头致意,大多适用于不宜交谈的场合。三是微笑致意,它可以用于同不相识者初次会面之时,也可以用于向在同一场合反复见面的老朋友"打招呼"。四是欠身致意,致意者可以站着也可以坐着,在目视被致意者的同时,身体微微向上向前倾,以表示对对方的尊敬之意。五是脱帽致意,戴着礼帽或其他有毡帽的男士,遇到友人特别是女士时,应微微欠身,摘下帽子,并将其置于与肩膀平行的位置,同时与对方交换目光;离开对方时,脱帽者才可以使帽子"复位"。若在室外行走中与友人迎面而过,只要用手把帽子轻掀一下即可。如要停下来与对方谈话,则一定要将帽子摘下来,拿在手上,等说完话再戴上;如因头痛等原因不能摘帽,应向对方声明,并致歉意。如男士向女士行脱帽礼,女士应以其他方式向对方答礼,但女士是不行脱帽礼的。

上述几种致意方式,在同一时间对同一对象,可以用一种,也可以几种并用,依自己对对方表达友善恭敬的程度而定。相互致意时要注意文雅,不要一面致意一面高声叫喊,也不要一手致意一手插在衣裤兜里。嘴里叼着香烟致意更是不礼貌的。

牵涉到个人私生活、个人禁忌等方面的话语,最好别拿出来"献丑"。例如,一见面就问候人家"跟朋友吹了没有",或是"现在还吃不吃中药",都会令对方反感至极。

两人以上同行遇到熟人时,你应主动介绍一下这些人与你的关系,如"这是我的同事",但没必要一一介绍,然后应向同伴们介绍一下你的这位熟人,也只要说一下他(她)与你的关系即可,如"这是我的邻居"。被介绍者应相互点头致意。

如果男女两人一同上街,遇到女士的熟朋友,女士可以不把男伴介绍给对方,男士在她俩寒暄时,要自觉地隔开一定距离等候,待女伴说完话后继续一同走;女士对男伴的等候应表示感谢,且与人交谈的时间不可太长,不应该让同伴等很长时间。如果遇到男士的熟朋友,男士应该把女伴介绍给对方,这时女士应向对方点头致意。如果是两对夫妇或两对情侣路遇,相互致意的顺序应是:女士们首先互相致意,然后男士们分别向对方的妻子或女友致意,最后才是男士们互相致意。

在当被介绍给他人之后,应当跟对方问候,若只向他点点头,或是只握一下手,通常会被理解为不想与之深谈,不愿与之结交。

总的来说,见面问候礼仪语不一定具有实质性内容,而且可长可短,需要因人、因时、因地而异,而它却不能不具备简洁、友好与尊重的特征。见面问候礼仪语应当删繁就简,不要过于程式化;应带有友好之意,敬重之心。

二、称谓

社交场合中人们经常称呼他人,有没有称呼和如何称呼,都涉及礼仪问题。称谓指的是人们在日常交往应酬之中,所采用的彼此之间的称谓语。在人际交往中,选择正确、适当的称呼,反映着自身的教养、对对方尊敬的程度,甚至还体现着双方关系发展所达到的程度和社会风尚,因此对它不能随便乱用。

(一) 称谓礼仪的类别

1. 姓名称谓

姓名,即一个人的姓氏和名字。姓名称谓是使用比较普遍的一种称呼形式。用法大致有以下几种情况:

(1) 全姓名称谓。即直呼其姓和名,如"李大伟"、"刘建华"等。全姓名称谓有一种庄严感、严肃感,一般用于学校、部队或其他等郑重场合。一般地说,在人们的日常交往中,指名道姓地称呼对方是不礼貌的,甚至是粗鲁的。

(2) 名字称谓。即省去姓氏,只呼其名字,如"大伟"、"建华"等,这样称呼显得既礼貌又亲切,运用场合比较广泛。

(3) 姓氏加修饰称谓。即在姓之前加一修饰字,如"老李"、"小刘"、"大陈"等,这种称呼亲切、真挚。一般用于在一起工作、劳动和生活中相互比较熟悉的同志之间。

(4) 字和号。过去的人除了姓名之外还有字和号,这种情况直到解放前还很普遍。这是相沿已久的一种古风。古时男子20岁取字,女子15岁取字,表示已经成人。平辈之间用字称呼既尊重又文雅,为了尊敬不甚相熟的对方,一般宜以号相称。

2. 亲属称谓

亲属称谓是对有亲缘关系的人的称呼,中国古人在亲属称谓上尤为讲究,主要有:

(1)对亲属的长辈、平辈决不称呼姓名、字号,而按与自己的关系称呼。如祖父、父亲、母亲、胞兄、胞妹等。

(2)有姻缘关系的,前面加"姻"字,如姻伯、姻兄、姻妹等。

(3)称别人的亲属时,加"令"或"尊"。如尊翁、令堂、令郎、令爱、令侄等。

(4)对别人称自己的亲属时,前面加"家",如家父、家母、家叔、家兄、家妹等。

(5)对别人称自己的平辈、晚辈亲属,前面加"敝"、"舍"或"小"。如敝兄、敝弟,或舍弟、舍侄,小儿、小婿等。

(6)对自己亲属谦称,可加"愚"字,如愚伯、愚岳、愚兄、愚甥、愚侄等。

随着社会的进步,人与人的关系发生了巨大变化,原有的亲属、家庭观念也发生了很大的改变。在亲属称谓上已没有那么多讲究,只是书面语言上偶用。现在我们在日常生活中,使用亲属称谓时,一般都是称自己与亲属的关系,十分简洁明了,如爸爸、妈妈、哥哥、弟弟、姐姐、妹妹等。

有姻缘关系的,在当面称呼时,也有了改变,如将岳父称为爸、将岳母称为妈、将姻兄称为哥、将姻妹称为妹等。

称别人的亲属时和对别人称自己的亲属时也不那么讲究了,如您爹、您妈、我哥、我弟等。不过在书面语言上,文化修养高的人还是比较讲究的,不少仍沿袭传统的称谓方法,显得高雅、礼貌。

3. 职务称谓

职务称谓职务称谓就是用所担任的职务作称呼。这种称谓方式,古已有之,目的是不称呼其姓名、字号,以表尊敬、爱戴,如对杜甫,因他当过工部员外郎而被称"杜工部",诸葛亮因是蜀国丞相而被称"诸葛丞相"等。现在人们用职务称谓的现象已相当普遍,目的也是为了表示对对方的尊敬和礼貌。主要有三种形式:

用职务称呼,如"李局长"、"张科长"、"刘经理"、"赵院长"、"李书记"等。

用专业技术职务称呼,如"李教授"、"张工程师"、"刘医师"。对工程师、总工程师还可称"张工"、"刘总"等。

职业尊称,即用其从事的职业工作当做称谓,如"李老师"、"赵大夫"、"刘会计",不少行业可以用"师傅"相称。

行业称呼。也可直接以被称呼者的职业作为称呼,如老师、教练、医生、会计、警官等。

4. 性别称呼

一般约定俗成地按性别的不同分别称呼为"小姐"、"女士"、"先生"。其中,"小姐"、"女士"二者的区别在于:未婚者称"小姐",不明确婚否者则可称"女士"。

(二)称谓礼仪的规范

称谓的使用是否规范,是否表现出尊重,是否符合彼此的身份和社会习惯,这是一个十分重要的问题。在社会活动中,人们之间互相接触,称谓问题必然频繁地出现。

一般来说,在中国,称谓应按职业、年龄来选择。如到机关联系工作,应称"同志",单位内部除称"同志"外,习惯上也可用"小张"、"小王"等称谓。在医院称"医生"和"大夫",到工厂叫"师傅",去学校称"老师"、"教授"或"同学"。邻居按辈数称呼,如对长辈可称"大爷"、"叔叔"、"老伯"等。对小孩叫"小朋友"、"小同学"等。

使用称谓的注意事项：

（1）不能把剥削阶级道德观念当成社会新潮流，如称"掌柜的"、"财主"、"马夫"、"少爷"等。有的人对这些称谓不以为耻，反以为荣，沾沾自喜，这显然是不正确的。

（2）不礼貌的称谓在公共场所不要用，如"老头"、"老婆"、"小子"等。而这些称呼在家庭中或亲朋好友之间使用，反会产生亲昵的效果。

（3）青年人称呼人要慎用或不用"哥儿们"、"姐儿们"之类的称谓，以免给人以"团伙"之嫌。

（三）称谓礼仪的次序

称谓礼仪的次序遵循先上后下、先近后远、先女后男、先疏后亲的原则。进行人际交往，在使用称呼时，一定要避免失敬于人。称呼时应注意以下细节：

不因粗心大意，用心不专而使用错误的称呼。如念错被称呼者的姓名；对被称呼者的年纪、辈份、婚否以及与其他人的关系作出错误判断，产生误会。

（1）不使用过时的称呼。如"老爷"、"大人"等。
（2）不使用不通行的称呼。如"伙计"、"爱人"、"小鬼"等。
（3）不使用不当的行业称呼。
（4）不使用庸俗低级的称呼。如"磁器"、"死党"、"铁哥们儿"等称呼。
（5）不使用绰号作为称呼，不随便拿别人的姓名乱开玩笑。
（6）对年长者称呼要恭敬，不可直呼其名。

（四）国际交往的称呼礼仪

对普通男女的称呼，一般情况下，对男子不管其婚否都称为"先生"（Mister）；对于女士，已婚的称为"夫人"（Mistress），未婚的称"小姐"（Miss），婚姻状况不明的，也可称为"Miss"。在外事交往中，为了表示对女性的尊重，也可将其称为"女士"（Madam）。

官方人士的称呼。对高级官员，称为"阁下"，也可称职衔或"先生"；对有地位的女士可称为"夫人"，对有高级官衔的妇女，也可称"阁下"；对其他官员，可称职衔或"先生"、"女士"等。

皇家贵族的称呼。对君主制或君主立宪制国家的国王、皇后，可称为"陛下"；王子、公主、亲王等可称为"殿下"；对有公、侯、伯、子、男等爵位的人士既可称其爵位，亦可称"阁下"，或称"先生"。

技术人员的称呼。对医生、教授、法官、律师以及有博士等职称、学位的人士，可称为"医生"、"教授"、"法官"、"律师"、"博士"等，也可加上姓氏或"先生"。

军人的称呼。一般称军衔，或军衔加"先生"，知道其姓名的可冠以姓与名。有的国家对将军、元帅等高级将领称"阁下"。

服务人员的称呼。一般情况下称"服务员"，如果知道其姓名的可单独称呼其名字，但现在越来越多的国家称服务员为"先生"、"夫人"、"小姐"。

教会人员的称呼。教会的神职人员，一般可称教会的职称或姓名加职称，也可以职称加"先生"，有时主教以上的神职人员也可称"阁下"。

同志称呼。凡是与中国同志相称的国家，对其各种人员均可称为"同志"，有职衔的可加职衔。

三、致意

见面致意，是对对方表示友好和尊重；相反，则会被认为是傲慢、无礼、没有教养。

81

（一）致意方式

1. 点头致意

点头致意，就是在公共场合所用微微点头表示礼貌的一种方式。采取点头致意的场合：

（1）遇到领导、长辈时。在一些公共场合遇到领导、长辈，一般不宜主动握手，而应采用点头致意的方式。这样既不失礼，又可以避免尴尬。

（2）遇到交往不深者。和交往不深的人见面，或者遇到陌生人又不想主动接触，可以通过点头致意的方式，表示友好和礼貌。

（3）不便握手致意时。一些场合不宜握手、寒暄，就应该采用点头致意的方式。如与落座较远的熟人等。

（4）比较随便的场合。一些随便的场合，如在会前、会间的休息室，在上下班的班车上，在办公室的走廊上。此时不必握手和鞠躬，只要轻轻点头致意就可以了。

2. 鞠躬致意

鞠躬礼即弯身行礼。它源于中国先秦时代。鞠躬礼是人们生活中常用来表示对别人恭敬而普遍使用的一种礼节，一般在隆重、庄重的场合使用，表示感谢、道别、致意。鞠躬一般要脱帽，身体直立，目光平视，身体上部适当下弯，角度不宜过大。

在初见的朋友之间，宾主之间，下级对上级，晚辈对长辈，为了表示对对方的尊重都可以行15°~90°鞠躬礼。鞠躬礼的深度视行礼者对受礼者的尊重程度而定。一般与别人打招呼时鞠躬角度为15°，正式场合中鞠躬角度为30°，表示感谢、忏悔、道歉时，鞠躬角度为60°~90°。

标准的鞠躬方式是：立正，背部伸直，距离对方约2米左右，双手分别放在双腿的正面，膝盖、脚跟并拢，行礼时，上身往前倾，低头且双眼朝下看。行鞠躬礼时弯身的幅度越大，所表达的敬意就越深。采取鞠躬致意的场合：

（1）讲话前后。演讲人在演讲前和结束讲话后，通常要鞠躬致意，表示对听众的感谢和致意。

（2）领受奖品。得奖人在领受奖品时，要对颁奖人鞠躬致意，感谢鼓励。

（3）道别告别。如出远门与亲人、朋友道别。

（4）在遗体告别仪式或追悼会上，与逝者告别，可以行鞠躬礼。

鞠躬礼应该注意：

（1）必须脱帽，既表尊敬，又不致帽子掉下来。

（2）嘴里不应含有东西或嚼口香糖。

（3）礼毕时，双眼应礼貌地注视对方，并且面带微笑。

3. 鼓掌致意

鼓掌致意是在热烈、隆重的气氛中，表示欢迎、赞成、感谢的一种礼节。规范的鼓掌时左手手指并拢，手掌自然伸直，掌心向内或向上，拇指自然松开，右手手指并拢，用右手手指击打左手掌心。但注意不要合十鼓掌；不要五指分开鼓掌。

4. 举手致意

举手致意，一般用来向他人表示问候时使用的举止。举手致意要伸开手掌，掌心向外，面向对方，指尖向上。当看见熟人又无暇分身的时候，举手致意可以立即消除对方的被冷落感。

（二）致意规则

（1）男士应先向女士致意。

（2）年轻者应先向年长者致意。

（3）下级应先向上级致意。

在行非语言致意礼时，最好用时伴以"您好"等简洁的问候语，这样会使致意显得更生动、更具活力。

四、握手礼仪

握手是一种社交肢体语。是日常生活中最平常的见面礼节，如初次见面、老友相逢、送别、祝贺、感谢、鼓励、慰问的时候都经常会握手。它起源于原始社会。当时，人们用以防身和狩猎的主要武器是棍棒和石块。据说当人们路遇陌生人时，如果双方都无恶意，就放下手中的东西，伸出双手，向对方表明自己手中没有东西，然后走近，互摸左手，表示友好和亲善。这种见面摸手的习惯沿袭至今就成了今天的握手礼。见面时的握手，无论对男性还是女性，都是恰当的肢体接触，不仅沟通感情，而且有助于树立自己的社会形象。在社交场合、商务谈判、亲朋好友聚会等场合，由于不同的场合不同的对象，握手的方式也有所不同。如果不注意握手的一般礼仪，会使人尴尬而且可能会得到始料不及的后果。

（一）握手的顺序

1. 男士与女士之间

男士要等女士主动伸出手时才能握手，如果女士不伸手，说明无握手之意，男士不可主动去握手，可以行点头礼或鞠躬礼。

2. 上级与下级之间

上级先伸手，下级才可以与其握手，表示对上级的尊重。

3. 长辈与晚辈之间

长辈与晚辈见面时，长辈先伸手，晚辈才可以握手。

4. 主人与客人之间

主人应主动先向客人伸手，以表示欢迎之情。

（二）握手的基本姿势

动作的主动与被动，力量的大小，时间的长短，身体的俯仰及视线的方向等，往往体现出握手人对对方的不同礼遇和态度，也能窥视对方的心理，因此握手的姿势大有讲究。

握手的标准方式是在介绍之后，互致问候的同时，双方各自伸出右手，彼此之间保持一步左右距离，手掌略向前下伸直，拇指与手掌分开，其余四指自然并拢并微向内屈。右手与人相握时，左手应当空着，并贴着大腿外侧自然下垂。

握手时，力度要适中，时间要恰当。为表示热烈欢迎，握手时应有一定的力度，但不能过大，不能握痛对方。一般握手，上下稍晃动三四次，随即松开手，持续的时间不必太久，以3秒钟为宜。与人握手时，精神要专注，要面带微笑，热情、友好、自然，目视对方，同时要向对方问候。

（三）握手的时机

灵活地掌握和运用握手礼的时机，不仅是对对方的尊重，也是自身修养的体现；不仅要主动热情地向对方伸手握手，也要注意不能在应该握手的场合拒绝或忽视别人伸过来的手，这是失礼的表现。在日常生活和工作中，要特别注意以下应该握手的时机：

（1）被介绍与人相识时，应与对方握手致意，表示为相识而高兴。

（2）对久别重逢的朋友或多日未见的同学相见时应热情握手，以示问候、关切和高兴。

(3) 当对方获得新成绩,得到奖励或有其他喜事时,与之握手以示祝贺。
(4) 领取奖品时,与发奖者握手,以感谢对自己的鼓励;
(5) 当接受对方赠送的礼品时,应与之握手以表感谢。
(6) 当拜托别人办某件事并准备告辞时,应以握手表示感谢和恳切企盼之情。
(7) 当别人为自己做了某件好事时,应握手致谢。
(8) 在参加宴会后告辞时,应和主人握手以示感谢。
(9) 在摆放友人、同事或上司之后告辞时,应以握手表示再见之意。
(10) 邀请客人参加活动,告别时,主人应与所有的客人一一握手,以感谢其给予支持之意。
(11) 参加友人或上下级的家属追悼会,离别时应和其主要亲属握手,以示劝慰并节哀之意。

(四) 握手时应该注意的事项

握手时,还应该注意以下几项:
(1) 不能用左手与他人握手,注意各国握手的风俗习惯,如美国人第一次见面只打招呼以示问候,并不正式握手;对意大利人不能主动握手,要等对方主动伸手时才可以与之握手;日本女人一般不跟别人握手,只行鞠躬礼。
(2) 不能坐着与人握手。
(3) 握手后不能用手帕擦手。
(4) 不能一边握手一边东张西望。
(5) 人多时不要争先恐后,应遵守秩序。
(6) 不能戴手套与人握手。
(7) 不能与人握手后立刻转身背对。
(8) 不能握手时面无表情,不发一语。
(9) 不能与人握手时,另一只手放在衣袋或裤袋里。

五、介绍礼仪

现代人求生存、寻发展必须进行社会交往,而交往首先从认识开始。相互认识通常要借助于介绍。介绍是人际交往中与他人沟通、增进了解、建立联系的最基本的方式。介绍有助于广交朋友,打开局面,扩大社交圈子。

(一) 自我介绍的礼仪

1. 自我介绍的原则

自我介绍时,如果有名片,最好先递名片再做介绍。一见面先递名片,可以不用介绍职务、单位等,着重强调名字即可。自我介绍要言简意赅,说话直截了当,时间越短越好,要争取在半分钟内将自己介绍完毕,一般不超过1分钟。第一次介绍部门和单位时要使用全称,不能使用简称。

2. 自我介绍的内容

确定自我介绍的具体内容,要兼顾实际需要、所处场合,要具有鲜明的针对性,不能千篇一律,根据内容的不同,自我介绍有三种模式。

1) 寒暄式

寒暄式主要适用于非正式场合,只要介绍自己的姓名即可。

2) 公务介绍

公务介绍主要在公共场合或正式场合,内容包括四个方面:工作单位、具体的部门、担任的职务以及完整的姓名。如果是朋友聚会,一般还要说明自己与主人的关系。

3）社交式

通常情况下自我介绍一般采用社交式。内容包括五个方面:姓名、职业、籍贯、爱好、共同的熟人。其他如年龄、学历等一些详细情况可以在交谈中根据需要选择介绍给对方。

3. 自我介绍的时机

在下面一些场合,有必要进行适当的自我介绍。

(1) 应聘求职时。

(2) 应试求学时。

(3) 在社交场合,与不相识者相处时。

(4) 在社交场合,有不相识者表现出对自己感兴趣时。

(5) 在社交场合,有不相识者要求自己做自我介绍时。

(6) 在公共聚会上,与身边的陌生人组成交际圈时。

(7) 在公共聚会上,打算介入陌生人组成的交际圈时。

(8) 交往对象因健忘而记不清自己,或担心这种情况可能出现时。

(9) 有求于人,而对方对自己不甚了解,或一无所知时。

(10) 拜访熟人遇到不相识者挡驾,或是对方不在,而需要请不相识者代为转告时。

(11) 前往陌生的单位进行业务联系时。

(12) 在出差、旅行途中,与他人不期而遇,并且有必要与之临时接触时。

(13) 因业务需要,在公共场合进行业务推广时。

(14) 初次利用大众传媒向社会公众进行自我推荐、自我宣传时。

4. 自我介绍要注意的问题

(1) 自我介绍时要礼貌、客气、得体,内容全面并且一气呵成。

(2) 自我介绍要注意介绍顺序。要遵循低位者先行原则,地位低的先向地位高者做自我介绍。主人先向客人做介绍;男士先向女士做介绍;晚辈先向长辈做介绍;下级先向领导做介绍。

(3) 如果想参加某个活动或进入某个社交圈子,最好先找一个圈里人或和圈子比较熟悉的人,来帮忙介绍。

（二）介绍他人的礼仪

1. 介绍他人的顺序

介绍他人,应该遵循"尊者优先"的顺序。

(1) 介绍男士和女士时,应先将男士介绍给女士。

(2) 介绍长辈和晚辈时,先将晚辈介绍给长辈,以示对长辈的尊敬。

(3) 介绍客人与主人时,先将主人介绍给客人。

(4) 介绍领导和下属时,先将下属介绍给领导。

(5) 介绍未婚与已婚女士时,先将未婚女士介绍给已婚女士。

(6) 集体介绍时的顺序。在被介绍者双方地位、身份大致相同时,应当先介绍人数较少的一方或个人,后介绍人数较多的一方或多数人。

2. 介绍他人应注意的问题

(1) 为他人做介绍之前,要首先征得被介绍双方的同意,不能开口就介绍,这样会让被介绍者感到措手不及。

(2) 一般介绍者询问被介绍者是否愿意认识某人时,被介绍者应该欣然应允,一般不能拒绝,那样会使介绍者感到尴尬。

（3）为表示尊重，介绍他人时，介绍者和被介绍者都应该起身站立，面带微笑，待介绍完毕，被介绍双方应点头致意或者握手问候对方。

（4）介绍他人时说话要清晰，特别是称呼一定要清晰明确。

（5）介绍他人时还要注意各国、各地风俗习惯的不同，要提前了解被介绍双方的习惯和禁忌等。

5.2 名片礼仪

名片的使用已成为人与人交往的一种重要手段。名片，是一个人身份、地位的象征，是一个人尊严、价值的一种彰显方式，也是使用者要求社会认同、获得社会理解与尊重的一种方式。名片在现代人际交往中必不可少，它是一种具有一定社会性的联络工具，它是个人、单位、集体的信息载体，各种交际场合都离不开它。而能否正确使用名片，已经成为影响人际交往成功与否的一个重要因素。名片礼仪主要包含以下几方面的内容。

一、名片的类型

根据名片在社交场合的用途有以下分类。

（一）公务名片

这是政府或社会团体对外交往时所用的名片，不以营利为目的。这类名片经常印有标志、对外服务范围等，注重个人头衔、职务，没有私人信息。名片印刷力求简单实用，没有统一的印刷模式。

（二）个人名片

为结识新朋友或朋友间感情交流时所使用的名片。此种名片不使用标志，名片设计可自由发挥，具有个性化特征，可以将个人照片、兴趣爱好、头衔或职务印上，一般含有私人信息。

（三）商务名片

这是公司或企业进行商务活动时使用的名片。这类名片经常印有公司或企业注册商标、业务范围等，没有私人信息，要求高档纸张，统一印刷模式。

（四）集体名片

集体名片是公务名片的一个变种，它通常是指某一个政府部门的主要成员集体对外使用的名片。其基本内容跟公务名片没有区别，特殊之处在于名片按照职务高低的顺序依次由上而下将各成员具体称呼排列印上。

（三）夫妇名片

夫妇名片是社交名片的一种特例，夫妇联名印成名片。在社交场合，公务人员往往会携带配偶一起参加交际应酬，此时应使用夫妇名片，若只使用其中一人的名片，则会有失礼仪。此类名片一般只印有姓名和联系方式，有的只印姓名。夫妇姓名要并行排列。

二、制作名片

（一）规格有规定

当前国内最通用的名片规格为 9×5.5，即长 9 厘米，宽 5.5 厘米。这是制作名片的首选规格。

此外,名片还有两种常见的规格:10×6和8×4.5。前者多为境外人士使用,后者多为女士使用。

如无特殊需要,不应将名片做得过大,甚至有意做成折叠式,以免给人标新立异、虚张声势、刻意摆谱之感。

(二) 字体要易识

无论使用何种文字印刷名片,应采用标准、清晰、易识的印刷体为好。尽量不采用行书、草书、篆书或花体字印刷名片,更不能亲自手写。

(三) 版式以横式为佳

一般来说,中文名片宜采用横式为佳,因为它易接递、易辨识、易收藏。竖式名片虽然风格古朴,却不具备这些优点。

(四) 材质以纸为宜

印刷名片,最好选用纸张,并以耐折、耐磨、美观、大方的白卡纸,或再生纸、布纹纸、麻点纸、香片纸为佳,必要时,还可为之覆膜。

(五) 色彩宜朴素

印刷名片的纸张,宜选朴素庄重的白色、米色、淡蓝色、淡黄色、淡灰色,并且一张名片一种颜色为好。

最好不要印刷杂色名片,让人眼花缭乱。也不要选择黑、红、粉、紫、绿色来印制名片,有失庄重。

(六) 图案不宜多

在名片上允许出现的图案,除纸张自身的纹路外,还有企业标志、企业蓝图、企业方位、企业主导产品简介等,但相关信息不宜太多。不提倡在名片上印漫画、花卉、宠物,这些东西并无实用价值,给人华而不实的印象。

(七) 文字有讲究

在国内所使用的名片,宜用汉语简体字,不要使用繁体汉字。在国内少数民族聚居区,外资企业以及境外使用的名片,可酌情使用规范的少数民族文字或外文。正确的做法应该是:在一枚名片的两面,分别以简体字和另外一种少数民族文字或外文印刷相同的内容。切勿在一枚名片上出现两种以上的文字,也不要将两种文字交错印在同一面。

三、递交名片

(一) 随身携带名片

一个没有名片的人,会被视为没有社会地位的人。换言之,在国际交往中拿不出名片的人,交往对象会怀疑其身份和地位。同样,一个不随身携带名片的人,是不尊重别人的人。

1. 递送名片的次序

递送名片给对方的先后次序没有严格的规定。但是,一般而言,地位低的人先向地位高的人递名片,男性先向女性递名片。当对方不止一人时,应先将名片递给职务较高或年龄较大者,如果无法分清职务高低和年龄大小时,可以先和自己对面右侧方的人交换名片,然后按顺序进行。

2. 优雅地递送名片

递名片时要用双手。而且递送自己的名片时,除了要检查清楚,确定是自己的名片之外,还要看看正反两面是否干净。向对方递送名片时,应面带微笑,注视对方。名片的位置是正面朝上,并以让对方能顺着读出内容的方向递送。如果你正在座位上,应当起立或欠身递送,递送时可以说一些"我叫××,这是我的名片"或是"我的名片,请多多指教"之类的客气话。此外,自己的名字如有难读或特别读法的,在递送名片时可以加以说明,同时顺便把自己介绍一下,这会使人有亲切感。相反,接到别人名片时,看到不会读的字,最好当场请教。

(二)要得体接收名片

接收他人递过来的名片时,除特殊情况之外,无论男性或女性,都应尽快起身或欠身,面带微笑,用双手的拇指和食指接住名片下方两角,并视情况说"谢谢""能得到您的名片,真是十分荣幸"等。名片接到手后,应认真阅读后十分珍惜地放在名片夹内,切不可在手中摆弄。如果交换名片之后需要坐下来交谈,此时应将名片放在桌上左手边的位置,十几分钟后再自然地收进皮夹,但不要用别的物品压住名片。因为名片就代表它的主人,因此应该像对其主人一样地尊重。如果是初次见面,最好将名片上面的重要内容读出来。读名片也包含学问在里面。在读的时候要注意语气轻重适当,抑扬顿挫。需要重读的地方是对方的职务、学衔、职称等。如果对方的组织名气大或个人的知名度高,也可以只重读组织名称或对方姓名。

还有需要注意的是,不要当着对方的面在名片上做谈话笔记,这是失礼的。事后在整理和收藏名片时,可以在名片反面记下认识对方的时间、场合、事由、其他在场人员等内容,这样方便自己记起对方,为今后的进一步沟通打下良好的基础。

当对方递给你名片之后,如果自己没有或没带名片,要首先对对方表达歉意,再说明理由"很抱歉,我没带名片"、"对不起,今天我带的名片用完了,回去后我会立刻寄一张给您的"等。

(三)名片的放置

随身携带的名片应使用较精致的名片夹,在穿着西装时,名片夹只能放在左胸内侧的口袋里。因为左胸是心脏所在,将名片放在靠近心脏的地方,是对对方的一种礼貌和尊重。不穿西装的时候,名片夹可放在自己随身携带的商务手提包里。需要注意的地方是如果接收的名片很多,最好将他人的名片放在一起,将自己的名片放在一处,否则,如果慌乱中误将他人的名片当成自己的名片送给对方,会非常糟糕。不要把名片放在钱包里,这样在递名片的时候,里面的证件、信用卡等都会一齐出来"亮相";更加不应该把名片放在臀部的裤袋内,因为名片就如人的颜面。

5.3 电话礼仪

电话是人际交往中不可或缺的通信工具,有些人觉得打电话很容易,不像面谈那样有诸多讲究,其实不然,在日常工作中使用电话的语言很关键,它直接影响着一个部门的声誉;在日常生活中,通过电话也能粗略判断对方的人品、性格。打电话大有技巧在里面,因而,掌握正确的、礼貌待人的打电话礼仪是非常必要的。

一、打电话的基本礼仪

在打电话时,做到尊重对方,礼貌热情,就能给对方留下良好的印象。使用电话前应做好充分的准备。通话之前,要对谈话内容做到胸有成竹、有的放矢,避免词不达意、结结巴巴;电话机旁最好备有记事簿等。

（一）电话预约

电话预约，是礼貌的表现，而且，通过电话事先预约，可以使访问更加有效率，这里面是有学问的。打电话要牢记"5W1H"即 When（什么时候），Who（对象是谁），Where（什么地点），What（说什么事），Why（为什么），How（如何说）。电话拨通后，要简洁地把话说完，尽可能省时省事。成功的电话预约，可以使对方对你产生好感，便于工作的进一步顺利进行。电话预约的要领：

(1) 力求谈话简洁，抓住要点。
(2) 考虑到交谈对方的立场。
(3) 使对方感到有被尊重、重视的感觉。
(4) 没有强迫对方的意思。

（二）打、接电话的基本礼仪

(1) 理清自己的思路，事先设想对方的问话。打电话之前，要思考一下说话的内容及方式，该怎么说、说什么，要有一个清醒的认识。尽量不要在毫无准备的情况下给别人打电话。当你打电话时，要事先设想对方将要提的问题，并作出回答。

(2) 选择好打电话的时机。通话要考虑对方的时间，应选择恰当的时间，无紧急情况，一般白天应在 8 点以后（假日在 9 点以后），夜间则在 21 点以前，以免打扰他人休息。有午睡的季节，不应在中午打电话。打电话时，应礼貌地询问："现在说话方便吗？"一般往家中打电话，以晚餐以后或休息日下午为好，往办公室打电话，以上午十点左右或下午上班以后为好。一般通话时间以 3～5 分钟为宜，尽量提高通话效率，减少占用的时间。

(3) 重视第一声。电话的开头语直接影响顾客对你的态度和看法。第一声的语气、语调如何，能马上让人觉出你的态度，从而直接影响他人交谈的意愿。通电话时要注意使用礼貌用词，如"您好"、"请"、"谢谢"、"麻烦您"等。打电话时，姿势要端正，说话态度要和蔼，语言要清晰，既不装腔作势，也不娇声娇气。如果一接通电话就让人听出你亲切、友好的问候，哪怕只是简单的问候，也会给对方留下好印象。

(4) 立即表明身份和自己打电话的目的。无论是接电话还是打电话，当电话接通时，首先要向对方道出自己的身份或者自己所属组织的名称。以免接错或打错电话。电话接通后，主动问好，并问明对方单位或姓名，得到肯定答复后报上自己的单位和姓名。不要让接电话人猜自己是谁，以免使对方感到为难。知晓对方的名字时，要称呼对方的名字，以缩小彼此之间的距离感。表明身份后，要立即向对方讲明自己打电话的目的，然后迅速转入正题。

(5) 以喜悦的心情交谈。打电话时，即使对方看不见你的真实表情，但是通过说话的特征就能感知到。只要保持愉悦的心情，脸上带着微笑，自然能把这种美好的、明朗的表情传给对方，从而让双方谈话在友好、愉快的氛围下进行。欢快的谈话，能够为自己的形象加分。特别是早上第一次打电话，双方亲切悦耳的招呼声，会使人心情开朗，也会给人留下礼貌的印象。

(6) 接电话要迅速、准确。人际交往中，电话铃声响起时，应该准确、迅速地接起电话，一般要在 10 秒之内接听，不要拖时间，拿起听筒问"您好"。长时间不接电话，让对方久等是很不礼貌的。如果确实有事，没有及时接通电话，拿起听筒时，要先向对方表示歉意："对不起，让您久等了"，说明原因，赢得他人的谅解。这是礼貌的表示，可消除久等心情的不快。

(7) 养成随时记录的习惯。要随身携带纸和笔，接电话时，随时记录所需信息。如果电话内容比较重要，应做好电话记录，包括单位名称、来电话人姓名、谈话内容、通话日期、时间和对方电话号码等。

(8) 声音要清晰、明朗。打电话时不要抽烟、吃零食，以免说话含混不清，对方理解起来很费力。说话时,含混不清,也很容易让人误解你,认为你不尊重他人,或是故意在隐瞒某些事实,从而失去他人的信任及好感。

（9）学会配合别人谈话,并留出足够的时间让人考虑。接电话时为了表示认真听对方说话,应不断地说:"是,是"、"好,好吧"等,一定要用得恰到好处,否则会适得其反。根据场合及对方的身份、年龄等具体情况,应付方式各异。并且在打电话时不要连珠炮似的说个没完,要留下足够的时间供他人思考,以便他人对你的谈话有所反应。

（10）挂电话前的礼貌也不应忽视。要结束电话交谈时,一般应当由打电话的一方提出,向对方说声:"请您多多指教"、"抱歉,在百忙中打扰您"等。然后彼此客气地道别,说一声"再见",再挂掉电话,会给对方留下好印象。不可只管自己讲完就挂断电话。

（三）打电话的注意事项

打电话也是一个人素质的体现,以下几点是打电话时应该考虑的。

（1）不能接听轻声告知。如果正在开会或交谈,不方便接听电话,可以轻声告诉对方"对不起,正有事,回头给你去电话"。事后则一定要主动给对方回电话。

（2）避免与他人交谈。当你正在打电话时,要专心与对话者交谈,不要与身边的其他人说话,这是非常不礼貌的行为。如果确实有紧急事情需要处理,应向对方说明缘由,表示歉意,并以最短的时间处理完那些事情。

（3）打、接电话时,如果对方没有离开,不要和他人谈笑,也不要用手捂住听筒与他人谈话,如果不得已,要向对方道歉,请其稍候,或者过一会儿再与对方通话。

（4）向外打电话时,应记准电话号码,以免打错。

二、手机使用礼仪

现在手机日益普及,已经成为使用最为频繁的电子通信工具。无论是在社交场所还是工作场合,放肆地使用手机已经成为礼仪的最大威胁之一,因此,手机礼仪越来越受到关注。在国外,已有电信公司向顾客提供"手机礼节"宣传册,宣传使用手机的礼仪。在日常交往中使用手机时,大体上有如下几个方面的礼仪规范必须遵守。

（一）注意使用手机的场合

在工作岗位上,应注意不使自己的手机使用有碍于工作、有碍于别人。在会议中、和别人洽谈的时候,最好把手机关掉,起码要调到振动状态。这样既不会打断讲话者的思路,也显示出你对别人的尊重。在会场上,手机响个不停,并不能反映出你"业务忙",反而显示出你缺少修养。在一些场合,如看电影或在剧院看戏时,打手机是极其不礼貌的,如果非要回话,应该采用静音的方式发送手机短信。换言之,使用手机虽然是为方便自己,但一定要讲究社会公德,切勿使自己的行为骚扰到其他人。这也是对有关交往对象的一种尊重和对有关活动的一种重视。

（二）要置放到位

手机的使用者,当将其放置在适当之处,正式的场合,切不可有意识地将其展示于人。手机只是一种通信工具,而不能视之为可以炫耀的装饰品。按照惯例,外出之时随身携带手机的最佳位置有两个:一是放在公文包里,二是放在口袋中。

（三）要保证畅通

使用手机,主要目的是为了保证自己与外界的联络畅通无阻,对于此点不仅必须重视,而且还需为此而采取一切行之有效的措施。例如，在告诉交往对象自己的手机号码时，务必力求准确无误。如系口头相告，应重复一两次，以便对方进行验证。若自己的手机改动号码，应及时通报给重要的交往对象，免得双方的联系一时中断。有必要时，除手机号码外，不妨同时再告诉交往对象自己的其他几种联系方式，有备无患。万一因故暂时不方便使用手机时，可在语音信箱上留言，说明具体原因。

（四）要重视私密和安全

通信自由是受到法律保护的。在通信自由之中，秘密性，即通信属于个人私事和个人秘密，是其重要内容之一。使用手机时，对此应予以重视。因此，不应当随意打探别人的手机号码，更不应当不负责任地将别人的手机号码转告他人，或是对外界广而告之。出于自我保护和防止他人盗机等多方面的考虑，通常不宜随意将本人的手机借与他人使用；考虑到相同的原因，随意借用别人的手机也是不适当的。

此外，在使用手机时，对于有关的安全事项也不能马虎大意。在任何时候，都切不可在使用时有碍自己或他人的安全。例如，按照常规，在驾驶车辆时，不宜同时使用手机通话。乘坐客机时，为了自己和其他乘客的安全，无论多忙都必须自觉关闭手机；在加油站或医院停留期间，也最好不要开启手机。另外，在标有文字或图示禁用手机的地方，都须遵守规定。

（五）选择适合的手机铃声

为了不让他人笑话，成年人应使用正常铃声，以免在不适当的时候手机铃响而让自己尴尬。

（六）上班时间不要频发信息，发信息要文明

上班时总是用手机不停发信息，并且时刻关注手机是否响了，会给领导和同事留下工作精力不集中、心不在焉的不好印象。另外，发出的短信意味着你赞同或至少不否认短信的内容，这反映了你的品位和水准，因此，不要编辑或转发不健康的短信。

（七）就餐中不要对着餐桌打电话

参加宴会或与人一起进餐时，不能对着餐桌打电话，要离开餐桌。如果是茶话会，或者不方便离开餐桌，则要侧转身子，用手遮挡一下，防止唾沫溅到饭菜上。在餐桌上，必须关掉手机或是把手机调到振动状态。

第6章 空乘人员的求职礼仪

如今,人才选择和职业流动越来越频繁;加上人才市场和劳动就业市场的不断发展和完善,自主择业、双向选择已成为时代必然。求职,是每一个渴求工作的人必须过的第一道关。

6.1 职业生涯规划

在选择职业时,要本着既要满足大环境的需要,又从个人实情出发,本着量力而行、审慎从事的原则。现代社会的竞争日趋激烈,对每个人都提出了种种挑战,与此同时,也面临着许多千载难逢的机遇,如何抓住机遇、迎接挑战,成为众多求职者不得不思索的问题。

一、职业生涯规划的内涵

职业生涯规划(Career Planning)简称生涯规划,又叫职业生涯设计,始于20世纪60年代,在90年代中期从欧美传入中国。职业生涯规划是指"将个人发展与组织发展相结合,对决定一个人职业生涯的主客观因素进行分析、测定和总结,在对每个人的能力特点、兴趣和爱好进行综合分析的基础上确定其最佳职业的奋斗目标,并选择实现这一事业目标的职业,制订相应的行动方案,且对每一步骤做出有效安排的过程"。

简单来说,职业生涯规划就是:打算选择什么样的行业、职业,想达到一个怎样的成就,想过怎样的生活,以及如何通过学习和工作达到预想目标的过程。正确理解职业生涯规划的释义需注意:职业生涯规划具有明显的个人化特征,是一个包含了生涯目标的确定、措施的实施及目标实现的长期动态的全过程。

二、职业生涯规划的步骤

(一)自我评价

一个有效的职业生涯规划的第一步,就是必须正确认识自己、了解自己,包括自己的兴趣、特长、性格、技能、智商、情商、能力、思维方式等,弄清自己到底想做什么、能做什么、应该做什么等问题,客观认识自身优势和劣势,了解内、外部环境。

(二)确定目标

确定目标是制订职业生涯规划的关键步骤,目标有短期、中期、长期和人生目标之分。长远目标要经过自身长期的不懈奋斗才有可能实现,所以,在确立长远目标时,要慎重选择、全面考虑、立足现实,使目标既有现实性又有前瞻性,切不可空有远大抱负,却脱离实际。短期目标是具体的计划,是长远目标的阶段性组成部分。

(三)环境评估

要充分了解环境因素对自己的发展产生的影响,分析环境的变化和未来发展的大体趋势,把握环境因素的优势和限制,了解本专业、本行业的地位及发展趋势。只有对总体环境做出客观理性的评价,才能更好地确定自己的职业方向。

(四) 职业定位

良好的职业定位要充分考虑性格、兴趣、特长、专业等自身优势与职业的匹配程度,努力寻求职业目标与自己的潜能以及主客观条件的最佳切合点。职业定位应依据客观现实,选择条件更合适、更符合自己的特长、更感兴趣、经过努力有发展前途的职业,扬长避短,审时度势,以长远的眼光看待自己的现实与未来。

(五) 具体行动

行动高于一切,没有行动,所有的理想和目标都只能是一种梦想,甚至空想。确定了目标与职业之后,要制订详细的计划,然后付诸实际行动,把"志当存高远"与脚踏实地相结合,朝着既定目标一步步努力。

(六) 实时控制

职业生涯规划的制订是否正确和合适,要在实施中去检验,理论和实际总是存在某些差异,因此需要实时控制,及时评估和反馈生涯规划各环节中出现的问题,找出相应的对策进行调整和完善。

(七) 职业准备和职业选择

职业生涯规划的侧重点在于职业准备和职业选择。职业准备是指物质、心理、知识、技能等各方面的储备,根据各方面的分析,客观地对职业做出选择。在职业定位之后,对即将进入的职业活动也要有一定的合理预期,包括工作性质、劳动强度、工作时间、同事以及上下级关系等都要做好适应的准备,用最快的速度成为一名成功的职业者。

6.2　空乘人员的必备条件

空乘是自信和美丽的代名词,可以与蓝天白云为伴,领略各地风情。空乘人员优雅、从容而自信,成为众人瞩目的焦点,也因此成为无数女孩心中向往的职业。然而,要成为一名合格且富有魅力的空乘人员,需要具备多方面的素质和必备条件。

一、空乘服务的概念

众所周知,空乘是空中乘务员的简称,空姐是对空乘的俗称并泛指女乘务员。空乘服务是空中乘务员按照民航服务的内容、规范和要求,保证乘客安全、满足乘客的需求,为乘客提供完美服务的过程。

"安全、快捷、舒适"是航空运输的重要特点,空乘人员首先要保障客舱的安全,其次才是为乘客提供完美的服务,让乘客感受到温馨、宾至如归的感觉。同时,空乘服务是航空运输中直接面对乘客的一个窗口,空乘人员的外表形象、言谈举止、服务态度和服务技能都直接代表了航空公司的形象,有时甚至代表了一个国家和民族的形象。空乘人员除了要有美丽优雅的外表,更需要积累深厚的文化底蕴,拥有较高的综合素质。

二、空乘服务的特点

空乘服务是在飞机客舱这一特殊的环境下对特殊群体进行的服务。由于环境等因素的限制,与其他服务行业相比,空乘服务具有自身的特殊性,主要体现在以下几个方面。

(一) 安全性高于一切

乘务员在飞机上不但要为乘客提供热情周到的服务,更重要的是提供机上安全的保证。正常情况下,乘务员首先是安全防范员,承担观察、发现、处理各种安全隐患的任务,负责维持客舱秩序,消除各种危机事件对飞行与客舱安全的影响;在任何特殊情况下,尽量减少乘客不必要的伤亡。因此乘务员要学会辨识危险物品,熟悉并使用机上紧急设备,掌握引导乘客在异常情况下安全撤离等客舱安全必备技能。

(二) 技术性强,服务内容繁杂

飞机客舱设施功能特殊,人员密集,既受飞行状态影响,又受乘客心理影响,所以服务操作过程必须符合技术规范的要求,服务内容事无巨细无所不包,服务的质量追求精致完美。

(三) 服务行业和高尚服务的标志

乘务工作直接代表着中国民航和航空公司的形象。在激烈的市场竞争中,乘务员服务质量的好坏,与航空公司经济效益密切相关。因此"空姐"已成为世界公认的职业端庄礼仪的代表和得体装扮的象征。

(四) 具有明显的国际化特征

民航是国际化程度较高的行业。首先其服务对象来自不同国家、不同民族,有着不同的宗教信仰、风俗习惯和礼仪要求;其次,国际民航组织在民航技术、服务规范等方面具有国际化标准,各国的空乘服务体现了不同国家的文化和文明程度。

(五) 对乘务人员的综合素质要求高

作为服务行业和高尚服务的标志,光有高雅、端庄、美丽、大方的外表是远远胜任不了空乘这个职业的。为满足国内外不同乘客的需求,空乘人员还应具备较强的亲和力、健康稳定的心理素质、优良的意志品质、灵活的应变力、良好的文化修养、自觉的合作精神、强烈的职业意识和精湛的服务技能。

三、成为空乘的必备条件

空乘人员兼具知性与教养、体贴与爱心、优雅与美丽,除了美丽、大方的外表的形象特征,还需具备以下条件:

(一) 专业化的形象

空乘人员在训练中学会最标准的站姿、走姿、坐姿、手势、化妆、礼貌用语等礼仪技能,树立和塑造空乘人员的专业形象。

(二) 高尚的职业道德

在激烈的航空市场竞争中,直接为乘客服务的空乘人员的形象和工作态度,对航空公司占领市场,赢得更多的回头客起着至关重要的作用。空乘要具有高尚的职业道德,具体包含以下内容:

1. 热爱本职工作,有较强的服务理念和服务意识

民航企业,要想在市场竞争中赢得旅客,就必须提高服务意识和服务理念。为旅客服务的目标是让旅客满意,信守服务承诺,并把这种意识融入服务,使之成为每个空乘人员自觉的思想。

2. 亲和力的微笑

微笑是一张通行证,可以顺利通过人内心的第一道门,不知不觉中缩短了人与人之间的心理距离,是人际交往的润滑剂,为深入沟通与交往创造温馨和谐的气氛。真正的微笑是发自内心、表里如一的。服务时的微笑能放松乘客在漫长旅途中的疲劳,享受服务的同时也享受到一份惬意的心情。歉意的微笑,能融化对方心中的不满;告别的微笑,能给对方留下一份美好的回忆。空乘人员要将完美的微笑展现给乘飞机的每一位乘客,这些充满亲和力的微笑更体现出空乘人员的知性与教养、体贴与爱心。

3. 吃苦耐劳的精

空乘服务的实际工作承担了意想不到的辛苦。远程航线不同的时差、各种不同的乘客、困难和特殊情况随时有可能发生,没有吃苦耐劳的精神,就承受不了工作的压力,做不好服务工作。

4. 热情开朗的性格

空乘服务工作是直接与人打交道的工作,每天要接触上百名乘客并与乘客进行沟通,没有开朗的性格根本无法胜任。而且服务工作琐碎,精神紧张,易产生不良情绪,这些就更需要培养良好的心理素质和思想沟通能力。

5. 良好的政治素质

政治素质是指一个人的政治态度、政治倾向和政治觉悟。空乘服务可以说是国家对外展示形象的窗口,有很高的政治要求。因此空乘人员一定要自觉树立良好的政治形象,在对外服务过程中始终坚持不卑不亢、有理有节。

(三) 过硬的业务素质

素质包括一个人先天具有的资质、禀赋,也包括后天经过学习和锻炼所获得的知识和能力,是人们较为稳定和最基本的内在品质。随着社会的发展和时代的进步,一名优秀的空乘人员的素质培养也出现了一些新的时代特征,具有更丰富的时代内涵。

1. 学习掌握空乘人员基本的航空礼仪知识技能

航空服务礼仪指的是空乘人员在飞机上的服务工作中应遵循的行为规范。具体而言,它是指空乘人员在客舱服务中的各服务环节迎接乘客登机、与乘客的沟通、供餐、送饮料、为特殊旅客提供特殊服务等一整套空乘人员的行为规范。

2. 刻苦学习业务知识

空乘的工作不仅仅是端茶送水,更需要掌握丰富的知识,如人文地理、政治经济状况、航线飞越的国家、城市、河流、山脉以及名胜古迹等。此外,还要掌握客舱设备的知识、紧急情况的处置、服务技巧、服务理念等。

3. 较强的语言表达能力

空乘人员除了会说标准的普通话外,对英语也要有较高的表达认知水平,并且要有针对性地加强第二外语的学习,以适应国际化趋势的需要。英语能力往往成为空乘晋升的最大瓶颈,一般国内航线对空乘人员英语要求较低,国际航线对英语要求较高,要求掌握机上礼仪、服务用语、播音词、并能和旅客无障碍地用英语对话。同时,空乘人员也要学会说话的艺术和技巧,如对各种特殊旅客的各种说话技巧以及对各种特殊情况的说话技巧。

4. 丰富的文化素质

空乘人员不仅要有漂亮的外在美,也要具备丰富的内在美。现代空乘服务,体现的不仅是职业素质,还包括学历层次、文化积淀、气质魅力、特长爱好等,只有具备丰富的文化素质,并且加强自身的文化修养,才能真正树立起空乘的美好形象,从而打造出良好的客舱服务文化。

总之,空中乘务是一个光荣而高尚的职业,集技术性、专业性和服务性于一体。空乘人员要提供高质量的空中服务,就必须具备良好的综合素质,学习掌握人文地理、政治经济等知识,熟悉各种服程序巧和服务技巧。要想成为一位合格的空乘人员,需要长期加强自己的文化素质和自身修养,努力将外在美和内在美相结合。

6.3 求职礼仪

在就业市场竞争日益激烈的今天,在现代社会的工作模式下,团队合作、人际沟通能力逐渐被用人单位所重视,越来越多的企业注重应聘者的礼仪素养,一些企业已经把礼仪作为录取新职员的必备条件之一。美国职业学家罗尔斯说:"求职成功是一门高深的学问。"心理学家奥里·欧文斯说:"大多数公司录用的是他们喜欢的人,而不是能干的人。"

求职礼仪是一种特殊的语言,是一个人内在素质的外在表现形式,具体而言是指求职者在面试过程中的仪表仪容、言谈举止等方面所应遵循的基本礼仪规范。求职者在面试中表现出的礼仪素养,不仅反映出个人的人品和修养,而且在某种程度上直接影响到面试官的最终决定。在面试中,一个仪表得体、知书达理的人,更能得心应手,比别人有更大的成功机会。在求职过程中,个人礼仪素养体现在求职者的应聘资料、语言、仪表、仪容、仪态、举止等各方面,是求职者整体素质的重要体现。为了在有限的时间体现最完美的自己,使自己在众多求职者中脱颖而出,懂得基本的求职礼仪十分必要。

一、准备工作

求职准备,要注意的事项较多。求职前的准备工作,既是为成功求职奠定坚实的基础,也充分体现了对职业的重视,对招聘工作人员、招聘单位的尊重。

向用人单位发送简历或者投递求职信并附个人简历,是现代人求职采用两个基本方式。

(一)简历礼仪

用人单位在发布招聘信息时,一般会收到很多人的简历,然后,他们会根据应聘者的个人简历来挑选一部分人参加面试,再从面试者中录取新人。因此,写好一份简历,才能争取到面试的机会,才有机会成功被聘。一份好的简历,要具备以下几个条件:

1. 真实

简历的内容必须真实、可靠。因为,面试时,面试官会根据你的简历来针对性提问,如果有些课程或工作是你并未接触过,却写在了简历上的,面试官在就这些问题提问时,你就有可能因为缺少这些经历而答不上来,这样会令你和面试官都很尴尬,而且你在面试官眼里的信誉也就没有了,就很难去赢得面试的成功。所以,真实是简历的第一要求。

2. 简明扼要

简历的内容除了要真实以外,还应做到简单明了。简历内容过多、过杂,让人看了头疼,不仅浪费看简历者的时间,更可能引起他们的反感而失去面试的机会。一般简历要把比较重要的个人信息,如姓名、性别、出生年月、联系电话、住址及其他比较重要的信息浓缩在第一页上,然后把比较次要的信息,如证书复印件等作为附件,附在简历之后。

3. 不犯低级错误

简历在寄出之前,一定要认真检查几遍。除了基本内容、格式没有错误之外,还要注意最简单的用字或者标点符号有没有使用错误。在关系自己前途的简历上,应小心谨慎,尽力避免此类错误。

需要注意的是,写简历一定要突出过去的成就。过去的成就是证明你能力的最有力的证据。详细把它们写出来,会有说服力。

(二) 求职信礼仪

有时候,为了获得某个面试的机会,会采用向招聘公司投送求职信的方式来增大自己获得面试的概率。

1. 称呼准确有礼

求职信中,人们第一眼接触的便是你对他人的称呼,因而会根据这种称呼来形成对你的初步印象,从而也直接影响了求职信件的最终效果。因此要事先了解此人的姓名及职务,书写时要准确、得体,不能马虎大意。如果对单位有关人员的姓名不甚了解,也可以在求职信中直接以职务头衔来称呼,在称呼之后一般要加提称语。

2. 使用问候语

问候语是起开场白作用的应酬用语,在所有信件的开头,向对方问候一声,是必要的礼仪。问候语的内容要简洁、自然、清晰、明确,谦恭有礼。

3. 祝颂要热诚

正文后的问候祝颂,虽只有短短数字,却能体现写信人对于收信人的祝愿及感激之情,同样也是求职信件中不可缺少的。在写求职信件的祝颂语时,首先注意格式要符合规范:祝颂语一般分两行来写,上一行前空两格,下一行顶格写。其次要灵活运用祝颂词语:可采用约定俗成的句式,如"此致"、"敬礼"、"祝您万事如意"等;也可借景抒情,体现对收信人的美好祝愿,如对尊长,可写"敬请近安"等,对学界可用"敬请学安",对商界可用"敬请筹安"等。最后还要注意署名后的敬辞。署名时,在名字之下,还要选用适当的礼告敬辞。

4. 信封的书写

写信封的时候,要按信封的一般格式,将信封的内容准确地填上去。首先要注意对收信人的称呼,要根据收信人的职衔、性别等,写上"人事经理"、"人事部主任"或"先生"、"女士"等。

其次,要讲究"启封辞"、"缄封辞"的使用。"启封辞"是请收信人拆封的礼貌语词,它表示发信人对收信人的感情和态度,一般尊长用"安启"、"福启"、"赐启"等;对平辈,可依其身份、性别,分别用"力启"(对军人)、"文启"(对教师)、"芳启"(对女士)等。"缄封辞"的用法也有讲究,给长辈的信宜用"谨缄",对平辈用"缄"。求职者须注意,最好用挂号或快件寄求职资料,以免劳神费时。

(三) 服饰形象的选择

人际交往中的第一印象非常重要,外在形象就像人们踏上社会的第一张名片。根据心理学的研究,在与人沟通前给人的第一印象是由最初的 20 秒决定的,而最初 20 秒的印象是由外在形象决定的。因此,求职者应聘时,要特别注意自己的仪表仪容,慎重的选择服饰、发型。面试官通常会根据自己的经验,凭借求职者的外在形象来判断对方的学识、个性、素质、修养等,并在心里形成一种特殊定势,这种心理定势往往比简历、求职信更能产生直接的效果。

恰当的穿着能体现出面试者专业、干练的气质,给面试官留下良好的第一印象,面试者也更有机会脱颖而出。面对不同的求职行业,对服饰的要求有所差别,但是就绝大多数职业来说,简洁、沉稳、大方、得体是服饰的最基本要求。

1. 男士服装要求

在现代社会的公关活动中,"西装革履"被认为是现代职业男士的正规服饰。

1)西装

对男士而言,一套裁剪优良、款式经典的西服套装是面试时的首选,颜色以黑色、灰色、深蓝为宜,并且最好是纯色。尽量避免浅色、花哨的颜色,以及休闲西装。西装的面料可以根据自身经济条件来合理选择,最好是容易打理、不易变形的,上身之前,先熨烫平整。

2)衬衫

在面试时,应穿着长袖的正式衬衫,并扣上袖扣,短袖衬衫太过休闲。衬衫的首选颜色是白色或淡蓝色,能给人专业、诚实、聪明及稳重之感。衬衫的面料要选择好一点、挺一点的,大小合身,面试前应洗干净,熨烫平整。

3)领带

正式的着装规范中,着正式西服,必须打上领带。领带应选择挺括的面料,颜色应与西装和衬衫的颜色协调,款式保守,如传统的条纹、几何图案等。领带的结法应根据面试者的气质、西装、衬衫的款式,选择合适的结法。长短方面,外侧应略长于内侧,外侧下端正好处于腰带扣的位置。

4)皮鞋

面试时,一般穿黑色或褐色矮跟皮鞋,最好是系带式皮鞋,线条硬朗。面试之前,皮鞋应擦拭干净,上些鞋油,使之有光泽,尤其是鞋跟处。

5)袜子

男士在面试时,袜子是最容易被忽视的一个环节。袜子挑选得好,与整体搭配得协调,会起到画龙点睛的效果;袜子挑选得不好,与整体搭配不协调,则会让整体效果功亏一篑。对于袜子的挑选,首先从它的面料和颜色入手,袜子的颜色应在西裤与皮鞋的颜色间起到过渡的作用,一般来说,袜子可以选择深灰或暗蓝,显得庄重、沉稳。质地以棉质、丝质为宜。避免选择白袜,配上黑色皮鞋,视觉冲击过于强烈。其次是对袜子长短的选择,袜子的袜筒要长一点,以免面试者坐下时,露出脚部皮肤。

6)头发

首先,面试时保持头发干净整洁,最好在面试前,将头发清洗一遍,梳理整齐。其次,头发的长度要适中,不要留长发。另外,不要忘记刮胡子,保持面容的整洁干净。

7)饰品

越简单越好,最好只带手表。项链、手链等饰物都会在不同程度上破坏面试者的精心准备。

8)包

一个质地好的皮包能很好地起到烘托的作用,包的颜色应与西装的颜色协调。如果没有皮包,可以拿一个黑色文件夹,也可以起到相同的效果。不要选择双肩背包或斜挎包。

2. 女士服装要求

女士着装通常以"整洁美观、稳重大方"为总原则,服饰的款式、色调应该尽量做到与自身的年龄、气质、职业协调一致。

1)外套

女士求职服装一般以职业套装为宜,这是最通用、最稳妥的着装。不论年龄,一套剪裁合体的西装、套裙和一件配色的衬衣或罩衫外加相配的小饰物,会使你看上去显得优雅而自信,给对方留下良好的印象。西装的颜色可以选择黑色、深蓝、灰色等稳重的颜色,款式不要太过新颖前卫,宜保守传统。切忌穿太紧、太透和太露的衣服。

如果是裙装,要注意裙子的长度,不要在膝盖以上,裙子太短是不专业的表现,会使面试官的印象大打折扣。不要穿领口过低的衣服。夏天,内衣(裤)颜色应与外套协调一致,避免透出内衣的颜色和轮廓,否则,会让人感到不庄重,给人轻佻之感,是求职之大忌。大量的实践表明,不论应聘何种职业,保守的穿着会被视为有潜力的候选人,比穿着开放的求职者更容易被录用。

2) 鞋子

女士面试时,鞋子可以选择中高跟的,能够体现女性体态的优美,船鞋最适合搭配女士的职业套装。露出脚趾和脚后跟的凉鞋,没有后帮的鞋、后帮为带状的露跟鞋、靴子、有亮片或水晶装饰的鞋子都不适合。

鞋子的颜色最好与手提包一致,并且要与衣服的颜色相协调。黑色的皮鞋可以搭配任何颜色的职业套装。

3) 袜子

女士在面试时着庄重、保守的长筒丝袜,不仅是礼仪的需要,而且还能掩饰腿部的缺陷,增加腿部的美感。丝袜的颜色常见的有黑色、肉色、深灰色等,要注意与裙子及鞋子颜色相协调。腿较粗的人适合穿深色的袜子,腿较细的人适合穿浅色的袜子。

肉色丝袜可以搭配任何服装。不要选择鲜艳、渔网或有暗花之类过于性感的丝袜。只有在穿长裤的情况下才可以穿短丝袜,穿一双明显跳纱破损的丝袜,或者丝袜松松垮垮地套在腿上都是不雅观的。在面试出发前,不妨在手提包里多准备一双,以防万一。

4) 包

在多数面试场合,携带公文包比手提包体现出更多的权威。不要将包塞得满满的。包不要太大,中等尺寸即可。

5) 发型

头发修饰时面试仪容修饰里的重要组成部分。首先要保证头发干净清洁,没有异味,梳理整齐。如果是长发可以将其盘起,或是扎成其他看起来专业、正式的发型。不染发、不烫发。

6) 化妆

对于女性求职者,化妆一定要坚持素淡的原则,切不可浓妆艳抹。女生去面试前,稍微化一下妆,会使自己看起来更精神。要选择自然清淡的颜色,稍作修饰,清新自然,保持整个妆容清爽干净,注意不要掉妆。选择与自身气质相配的淡香水,闻上去要给人以舒畅的感觉。也可以不用香水。

7) 配饰

配饰的选择应该少而精。首饰尽量少戴,应避免几个手指都带戒指。耳环应当小巧且不引人注目,所戴耳环不宜过长,以免发出叮当的声响或者触及脖颈。丝巾飘逸清秀的特点最能烘托出女性的美,但选择丝巾一定要注意与衣服协调搭配。

8) 其他注意事项

面试之前不要饮酒,那会影响你的眼神、肤色和精神状态,还会让人闻出酒味,也不要吃一些有刺激性气味的食物。手是女人的第二张脸,要保持干净,指甲应修剪好,不要涂艳丽夸张的指甲油,无色透明即可。

二、面试礼仪

在面试过程中,求职者表现出的礼仪水平不仅反映出求职者的素质、修养,而且直接影响着面试的成功与否。面试官随时会注意应试者的言谈举止及态度,那些言谈举止得体的应试者往往更能获得面试官的亲睐。面试过程的基本礼仪有以下几点:

（一）面试基本情况

1. 航空公司面试空乘服务人员的形象要求和其他报名条件

年龄一般为18~23岁，也有的航空公司把年龄限制在22岁以下。五官端正、仪表清秀、身材匀称。女性身高164~173厘米，男性身高173~183厘米。口齿清楚，普通话标准。身体裸露部位无明显疤痕。无口臭、狐臭、皮肤病，走路无内外八字。听力不低于5米。无精神病史及慢性病史。要求流利的英语表达能力或基本的会话能力，其他小语种优先。准备两张2寸照片和一张4寸生活照片。

2. 面试中常被问到的问题

（1）履历表中的问题：你的年龄、学校、学历、家庭住址。
（2）介绍你的家庭、父母和其他家庭成员。
（3）你为什么要做一名空乘服务人员。
（4）你有哪些特长。
（5）在家里是否帮助父母做家务。
（6）在飞机上如果遇到不讲理的乘客你应如何处理。
（7）你考虑过空乘服务人员工作的辛苦吗？
（8）如果你被我公司录取，你准备如何做一名合格的空乘服务人员？
（9）一名优秀的空中乘务员应具备哪些品质？
（10）你在学习期间好朋友多吗？

回答问题声音应大一些，吐字清楚，语言简练，使面试官能听清楚你要表达的内容。

（二）见面礼仪

1. 守时

准时到达面试现场，不要迟到。最好提前一刻钟到达应聘地点，这段时间里可以有充裕的时间熟悉环境，在公司秘书那里多了解一点情况；也可以稍作休息，稳定一下情绪或在洗手间里整理一下自己的妆容。不要匆匆忙忙，给人留下不稳重的印象。

2. 问候

进入面试的房间前先敲门，就算门开着或者虚掩着也要敲门，主考官应允后再轻声进入。见面时，应微笑着主动向主考官点头，打招呼，礼貌地问候，等到主考官示意方可就座。

3. 坐姿

在入座时，注意坐姿优美。坐在座位上的时候挺直腰杆，不要靠在椅背上，标准的坐法师坐椅子的前2/3。两腿并拢，不要翘二郎腿。如果对面有桌子，双手交握放在胸前的桌子上；如果没有桌子，那就自然地放在双腿上。

4. 自我介绍

成功的自我介绍，不仅靠声调、态度、言行举止的魅力，还要考虑适当的时间和地点以及当时的氛围。蹩脚的自我介绍，会在面试考官面前大打折扣，如急于表现自己、打断考官的谈话、夸大表现自己、含糊不清等，不能给人一种清晰的逻辑和印象。

优秀的自我介绍有时候比证件、名片更重要，它可以"先声夺人"，很快给面试官留下深刻印象。

（三）面试交谈

面试交谈中，掌握交谈的技巧是非常重要的一环。若不讲究措词，或者故弄玄虚，则不管谈话内容多好,都不会有很好的效果;只有做到措词高雅,才会在面试中如鱼得水,取得好的效果。

1. 面试交谈的要领

惜字如金,三思后言;留有余地,随机应变;沉着应对,理智对答;说话圆通,滴水不漏;合理想象,言之有物;巧妙较量,针锋相对。

2. 应试者语言运用的技巧

(1) 口齿清晰,语言流利,文雅大方。交谈时要吐字清晰并注意控制说话的速度,注意修辞美妙,忌用过多叠句、避免重复用词、避免口头禅,更不能有不文明的语言。

(2) 语气平和,语调恰当,音量适中。打招呼问候时宜用上语调,加重语气并带拖音,以引起对方的注意。自我介绍时,多用平缓的陈述语气,不宜使用感叹语气或祈使句。

(3) 语言含蓄、幽默、机智。遇到难以回答的问题时,机智幽默的语言会显示出自己的聪明智慧、有助于化险为夷,并给人留下良好的印象。

(4) 注意听者的反应。交谈中,应随时注意听者的反应,一旦觉察到了这些反应,就要根据对方的这些反应,适时地调整自己的语言、语调、语气、音量、修辞,包括陈述内容,这样才能取得良好的面试效果。

3. 面试的忌语

面试时,恰当得体的语言无疑会增强你的竞争力,帮助你获得成功;反之,不得体的语言会损害你的形象,削弱你的竞争力,甚至导致求职面试的失败。在求职面试中,要注意避免以下影响自己成功的忌语:

(1) 忌满腹牢骚。无论你对以前的公司、上司、同事有多么不满,都不要抱怨或表达不满,那样不仅无益于你的面试,还会对你个人的人品或者交际能力产生怀疑。

(2) 忌急问待遇。"你们的待遇怎么样?"谈论报酬待遇,无可厚非,但要看准时机,一般在双方已有初步意向时再委婉地提出。

(3) 忌准备不足。在面试之前,要尽可能多地了解所应聘公司或者岗位的情况,特别是一些知名企业很注重检验应试者对本企业的诚意以及对岗位的专业水平的考察。如果事先准备不足,一问三不知,结果可想而知。

(4) 忌攀龙附凤。如果你亲友之中有些是有权势的要人或名人,别自作聪明地把这些人都搬出来壮大声势。即使考官问及,也只可作轻描淡写的简短介绍。

(四) 面试中应避免的负面动作

求职者在面试时,要随时注意自己的言谈举止。避免一些负面动作,以免影响整体效果。

1. 手提购物袋

也许你在面试之前的空当去商场买了一些东西,但是,在面试的时候,一定要注意不能将购物带带进面试室,以免给人留下对面试不尊重、不重视或轻浮的不良印象。如果手里提有购物袋,也可在面试前将购物袋寄存器来,或交给他人代为保管。

2. 拨弄头发

留有长发或者刘海较长的人,在与人交谈时,可能会不自觉地习惯性拨弄头发。但是在面试时,要尽量避免此种习惯性动作,以免给人留下自以为是或是不够利索的坏印象。

3. 夸张的肢体动作

面试时,要避免太过活泼、夸张的动作,以免给人留下不稳重、不踏实的感觉。

4. 不停地看手表

在面试时,如果求职者不停地看时间,不仅会给彼此一种压迫感,也会给人留下没有耐心、不尊重对方、不重视面试的印象,要尽量避免。

(五) 面试被拒后的应对礼仪

面试遭遇拒绝后,要做到不卑不亢,这不仅是一种社交礼仪,更是一种风度和修养。面试被拒后,更应该保持自信,微笑而礼貌地跟面试官说"谢谢!",这样更能体现你的自信及素养。面试被拒后,千万不要流露出沮丧或者对面试官的不满,那只会让面试官更加肯定自己的判断,拒绝你是正确的。也有一些公司会通过"假拒绝"来考察一个人的心理素质和修养。面试被拒,只能说明你不是这个职位的最佳人选,并不是对你的能力的否定,所以要保持一个成熟的职场者应有的风度,保持足够的信心,不气馁,不放弃。

(六) 告辞礼仪

面试结束后,要礼貌地向主考官告辞,就算对自己的表现不是很满意,也不要流露出来,应该有修养且面带微笑地向主考官致谢。有时候,这不仅是礼貌之举,还可以增加印象分,或许就是成功面试的最后一个门槛。

6.4 试用期的要求

如果被录取进入试用期,说明这个职位对你来说已唾手可得,但并不等于你已牢牢在握了。因为"试用期"并不等于正式聘用,如果表现欠妥,用人单位不会和你签订劳动合同。只有通过了试用期,求职才算完成。

一、尽快适应环境和工作

主动了解和遵守单位的各种规章制度,严格按制度办事。熟知工作程序和工作环境,与你工作相对应的人和事必须在最短的时间内熟悉。熟知工作性质和工作任务。熟悉你的岗位有些什么要求,责任有多大,处罚如何规定。熟悉单位的业务范围和与你的岗位有关的客户情况。了解前任在此岗位时的工作状况,这样就会有一个比较。知道做到什么程度会受赏识,出什么差错会被炒鱿鱼。

二、最大限度地表现自己的能力

试用期的主要目的就是考察实际工作的能力。如果没有达到岗位要求,可能未到试用期满就会被"请"走。因此,试用期要努力工作,最大表现自己的能力。可以请教前任(如果可能的话)如何把这项工作做得更好,可以到其他单位的相关岗位取经求教,也可以发动自己的熟人集思广益。最理想的局面是,不但按质按量完成了任务,还有一两项有创意的开创性工作,那么,你的试用期肯定能圆满。

三、搞好人际关系

(一) 和领导相处的基本礼仪

1. 服从领导安排

切不可目无领导,应该恪守本分,服从命令,支持领导的工作。对于领导安排的工作,必须要服从安排,不能过分计较干多干少。遵从领导就是维护团队,没有任何企业单位欢迎个人英雄主义。

那种对领导的安排阳奉阴违，甚至有意抵制的做法，是任何企业单位都不允许的。

2. 维护领导的威信

领导需要把握的是全局，因此不管自己和领导的个人关系怎样，对他的看法怎样，在工作场合中，领导就是领导，要以实际行动维护领导的威信，不能当众顶撞、背后议论领导。尤其是在外人面前，对领导一定要以礼相待。工作场合，不要和领导过于随便、亲近，如在称呼上，必须称呼姓氏加职务；举止上要对领导表示出敬意，不要上下不分，如不能在工作场合和领导勾肩搭背等。

3. 不要当着领导的面议论是非

中国有句俗语"来说是非者，必是是非人"。工作场合应该多努力工作，而不是把精力放在议论别人的是非上，如当着领导的面批评某一同事，甚至评判同级同类部门的领导等。在领导看来，这样的人是不可靠的。

4. 忠诚

你可以能力有限，你可以有丢三落四的小毛病，但你绝不可以不忠诚。忠诚是上司对员工的第一要求。不要试图搞小动作，你的上司能有今天的位置说明他绝非等闲之辈，你智商再高，手段再高明，在他的经验阅历面前也不过是小儿科。

5. 及时完成工作

职员的天职就是工作。如果没有完成上司交给你的任务，不管是什么客观因素，都不要在心存不快的上司面前解释什么，没有做好本职工作，任何理由都不成立。上司关心的是事情的结果，因此过多的解释只会让他更加反感。如果上司的安排确实有问题，可以事后委婉地提出，不要当面顶撞领导，也千万不要把它作为拖延工作的主要理由。

6. 让领导先挂电话

给领导打电话时，要先自报姓名，问他现在说话是否方便。打完电话，事情再急，也一定要跟领导道别，等待对方先挂电话，这会让领导感觉自己的权威受到了重视。千万不要小看打电话这一类的小事，别让这些小事在无意间毁了你在领导面前的好印象。另外，也不能事事都打电话麻烦领导，领导工作繁忙，老接你的求助电话会让他产生厌烦感，而且会怀疑你的能力，连小事也处理不好。

7. 细节不可随意

在和领导相处时，要注意自己的言谈举止和工作中的细节问题，越是随意的场合越要多加小心。很多上司都信奉"见微知著"四字箴言，认为这些生活中的细枝末节会暴露一个人的性格品质。

（二）与同事相处的礼仪

一项人才市场的调查显示，五成以上的职场白领将同事列为竞争对手。由于竞争压力，一些职场人士很难与同事成为朋友，有很多人认为跟同事交朋友会很麻烦。实际上，只要掌握了与同事相处的礼仪，真诚地对待同事，和同事做朋友并不难。

（1）尊重同事。尊重同事的生活习惯，尊重同事的处世方式，平等地与他人沟通，不可勉强他人接受自己的观点。如此才能相互融洽，并使对方尊重你。

（2）互相协作。一件工作往往需要多方的协调才能做好，在办公室一定要同心协力、相互协作、互相支持。自己的工作一定要克己奉公，不能推卸责任。需要帮助时要与同事商量，不可强求。对年长的同事要多学多问，要尊重他们，对比自己年轻的同事则要多帮助、多鼓励。这样才能建立一个团结、文明的办公环境。得到同事们的尊敬，自己工作起来也会更舒心。

（3）倾情相助。不管是在工作中还是生活上，同事若有难处，都应予以体谅理解，并尽力帮助。

（4）主动道歉。同事之间经常相处，一时的失误在所难免。如果出现失误，应主动向对方道歉，征得对方的谅解；若同事对你产生误会，应该及时向对方说明。

（5）学会幽默。幽默是一种技巧，是化解尴尬气氛的调和剂，用幽默来化解同事间的紧张关系，必然能赢得所有同事的信赖与尊重。

（6）适当"让利"。有一些人跟同事处不好，是由于过于计较自己的个人利益，总争求种种的好处，时间长了难免会引起同事们的反感。如果对那些细小的，不大影响自己前程的好处，多一些谦让，这种豁达的处世态度无疑会赢得同事的好感，也能增加你的人格魅力，会带来更多的回报。这也就是俗语说的"吃小亏占大便宜"。

（7）和同事要有"距离感"。同事是每天8小时都在一个工作环境中的朋友，同时也是存在利益冲突的竞争对手，因此，一定要把握好和同事交往的度，保持一定的"距离感"是非常必要的。在单位，每个人都有属于自己的一片"天地"，如物橱、办公桌等，不随便翻动同事的东西，因为每个人都有不愿被别人知道的隐私。同事不想说的就不要去询问，探个究竟。不要传播小道消息。私人感情与工作分开，办公室只是工作的地方，绝对不是谈个人感情的地方。一般来说，与同事的关系最好不要过于亲密。大家天天工作、生活在一起，难免遇到利益之争和矛盾冲突，处理不好会伤害双方的感情。

四、避免出错

工作中出漏子，等于宣布试用期的"死刑"，要千方百计避免出错。做事一定要仔细认真，反复检查。对一些拿不准的事情，一定要请示领导或请教同事。不要做没把握的事，克服马虎的习惯，要谨慎从事。宁可不要十分突出显著的成绩，也要保证任何事都万无一失。

第7章 礼仪风俗

俗话说:"百里不同风,千里不同俗。"各国、各地区在礼仪风俗、禁忌上各有特点和规范,相互间表现出很大的差异。

7.1 宗教礼仪

宗教礼仪是指宗教信仰者为对其崇拜对象表示崇拜与恭敬所举行的各种例行的仪式、活动,以及与宗教密切相关的禁忌与讲究。宗教的产生和发展,是随着社会的发展和各种政权的建立而不断演变的,是由最初的崇拜氏族图腾发展到民族宗教,最后出现了跨越国界的世界性宗教。

当今世界生活着50多亿人口,而各种宗教的信仰者在其中就占了1/2以上。如今,世界宗教五花八门,每个宗教又有许多分支、教派,势力也不尽相同。但其中的佛教、基督教和伊斯兰教因其历史悠久、影响广泛,已经成为当今世界上的三大宗教。在我国,各种宗教信仰者也占了总人口的1/10左右。在日常生活里,宗教与人们的风俗习惯相互影响。宗教对人们的思想、文化、道德也有很多渗透,甚至直接作用到整个社会生活。乘务员服务时会与各种有宗教信仰的乘客接触,一定要了解这些宗教的特点,做好以上服务工作,让乘客乘兴而来,满意而归。

一、道教礼仪

道教是我国土生土长的传统宗教,主要流传在汉族地区,但在白、羌、苗等少数民族地区也有流传,并已传到东南亚、欧美的华人社会中。主要有全真道和正一道两大道派。时至今日,道教对中国人民的精神生活、风俗民情等仍有着很大的影响。

(一) 道教的产生

道教创立于东汉顺帝年间(126—144年),至今大约有2000年的历史。该教崇奉老子为教祖,以《道德经》为主要经典。道教的核心信仰是"道",认为"道"是超越时空永恒存在的力量,乃是天地万物之根源,又是万物演化的规律,是宇宙万物之中最核心的东西。认为人"立善功、修道理,长生久视,能修炼成仙"。道教有一套完整的修炼方法(即道教的养生之道),修炼的目的是追求长生不老、肉身成仙。道教崇奉多神,标记是太极八卦图。

(二) 道教礼仪

道教礼仪是道士日常生活中的行为表现规范。道教的礼仪内容很复杂,小到日常称呼,大到出入行走,凡事都有一定的礼仪。

1. 称谓

道教中,对信奉道教教义,修习道术的专职道教徒称道士,道士又称"黄冠"、"羽客"。对女道士称道姑,又可称"女冠"。此外,还可根据其职务尊称法师、宗师、方丈、监院、住持、知客。对非专职的道徒称居士、门徒或弟子。非宗教人员对道士可尊称"道长"或"法师",前面也可以冠以姓。

2. 见面

道士不论在与同道还是与外客的接触中,都习惯双手抱拳于胸前,以拱手作揖(又称稽首礼)

为礼,向对方问好致敬,这是道教的传统礼仪。作揖致礼的形式,是道教相沿至今的一种古朴、诚挚、相互尊重和表示友谊的礼貌。见面时用语为"无量天尊"或"赦罪天尊",通用应答语为"慈悲",也可同语应答。后辈道徒遇到前辈道长,一般可行跪拜礼、半跪礼或鞠躬礼,各派的跪拜礼略有不同。非宗教人士遇到道士,既可行拱手礼,也可行握手礼。

3. 道场

道场是一种为善男信女祈福、禳灾、超度亡灵而设坛祭祷神灵的宗教活动,分祈祥道场和度亡道场。凡参加道场的信众,均要斋戒沐浴,诚心恳祷,服装整洁,随同跪拜。祈祥时默念"消灾延寿天尊",度亡时默念"太乙救苦天尊",求福时默念"福生无量天尊"。

二、佛教礼仪

作为一种最古老的世界性宗教,佛教是亚洲国家最重要的宗教,在东亚、东南亚等国具有深刻的影响,对我国的影响也十分深远。它的信徒约有3亿多人,目前主要分布与东亚、南亚、东南亚一带。

(一) 佛教简况

佛教相传在公元前6世纪有释迦牟尼创立于今天尼泊尔南部的蓝毗尼。释迦牟尼本名为乔达摩·悉达多,人称佛祖。佛教传入我国,中国人便用自己的尺度"礼"来衡量能否接受这外来的文化,经过长期的观察与适应,与儒家文化相结合,能够接受的就全部接受,不能够接受的就进行改革,从而形成了中国独特的佛教礼仪。

佛教的基本教义是"四谛"、"八正道"、"十二因缘"。佛教的经典总集称大藏经,由三大部分组成,即经、律、论三藏,故又称"三藏经"。佛教的供奉对象由佛(意为"觉他、觉行圆满者")、菩萨(意为"自觉、觉他者")、罗汉(意为"自觉者")及护法天神等。

(二) 佛教礼仪

佛教在各国的教制、教职不尽相同,称谓也不完全一致,如泰国有僧王,但别国则没有。我国寺院中主要负责人称"方丈",即"住持",负责内部事务的称"监院",负责对外联络的称"知客",他们可被尊称为"高僧"、"长老"、"大师"、"法师"等。

1. 称谓

佛教徒中出家的男性称"比丘",简称"僧",俗称"和尚";出家的女性称"比丘尼",简称"尼",俗称"尼姑"。凡出家的佛教徒必须剃除须发,披上袈裟,称为"披剃"。僧尼一经"披剃",即入住寺院,开始过与世隔绝的生活。

2. 合掌

这是佛教徒的普通常用礼节,也叫合十。合掌时,要肃立,两脚掌成外八字,脚后跟相距两寸(前八后二)。两手掌相合,十指并拢,不可参差分离,或中空弯曲,这是表示同意圆满。手臂靠着身体,手肘成45°倾斜,手掌不需要靠着胸部,两掌心间略虚,以轻松、自然为原则。目光垂视,不吃力地注视着中指指尖,身心合一,一心无二用。身体稍微向前倾,表示谦虚、恭敬,脸部肌肉、眼睑放松,口念"阿弥陀佛"。参拜佛祖或拜见高僧时要行跪合十礼,行礼时,右腿跪地,双手合掌于眉心中间。

3. 南无

南无念"那摩",是佛教信徒一心归顺于佛的致敬语。"南无"意思是"把一切献给××"或"向××表示敬意"。如称南无阿弥陀佛,则表示对阿弥陀佛的致敬和归顺。阿弥陀佛又称无量寿佛,他是西方极乐世界的教主。

4. 一般信众礼仪

一般信众礼仪包括入寺、拜佛、阅经、拜僧、法器、听经。

5. 我国四大佛教圣地

我国四大佛教圣地即"金色世界"五台山、"琉璃世界"普陀山、"银色世界"峨眉山、"莲花世界"九华山。

（三）主要节日

主要节日有佛陀日、佛诞节、涅磐节。

三、基督教

基督教是目前全世界信仰人数最多的一种宗教，是欧美地区的主要宗教，在世界各国都有信徒。

（一）基督教的产生

基督教起源于公元1世纪初罗马帝国统治下的巴勒斯坦地区，它是古代犹太人反抗罗马帝国奴役的宗教产物。相传，"救世主"耶稣奉圣父之命来到人世间拯救人类。后来，由于被叛徒犹大出卖，耶稣受难于耶路撒冷，被罗马总督下令钉死在十字架上。此后，人们开始把十字架视为信奉基督教的标志，耶路撒冷也成了基督教的圣地。

公元4世纪末，由于罗马帝国的分裂，基督教形成了东（君士坦丁堡）、西（罗马）两个中心。11世纪中叶，东部教会正式称为东正教，西部教会为天主教。16世纪中叶，西部教会又产生了代表新兴资产阶级利益、脱离罗马教廷的"抗议派"基督新教。从此，基督教形成了三大教派鼎力的格局。

1. 天主教

天主教又称罗马公教，除信仰天主和基督外，还尊奉圣母玛利亚。罗马教皇为首的教廷设在意大利罗马城内的梵蒂冈，罗马教皇是全世界罗马系天主教徒的精神领袖。

2. 东正教

东正教又称正教，信奉上帝、基督和圣母玛利亚，但不承认罗马教皇高出其他主教的地位和权力。该教允许除主教外的其他教士婚娶。

3. 基督新教

基督新教俗称耶稣教，我国宗教界称基督教，不承认罗马教皇的权威，不信奉圣母玛利亚。其教义、礼仪及教会管理已作改革，不同于天主教和东正教。该教也允许教士婚娶。

（二）基督教教规

基督教认为，上帝主宰天地，是天地万物的唯一创造者。上帝有"圣父"、"圣子"和"圣灵"三个神位，而且三位一体，同受敬拜，同受尊荣。上帝是至高无上、全知全能、无所不在的真神。

基督教还认为世上的人是无法拯救自己的，因此上帝派了圣子耶稣临降人世，为世人赎罪，甘愿自己受难，用自己的血来洗刷世人的罪过。这样世人若想赎罪，拯救自己的灵魂，就得信仰上帝，祈求基督耶稣保佑。

（三）基督教礼仪

基督教的礼仪要求主要体现在如下方面：

1. 称谓

基督教的信徒间称平信徒,新教的教徒可称兄弟姐妹,因为大家同是上帝的儿女,也可称同道,因为大家都信奉耶稣所传的教道。在我国习惯称教友。

对教会的神职人员则按其职称称呼,如××主教、××牧师、××神父、××长老等。对外国基督教徒可称先生、女士、小姐或博士、主任、总干事等学衔或职衔。

2. 洗礼

洗礼,即"圣洗"、"领洗",基督教的入教仪式,分注水礼和浸礼两种。天主教多施注水礼,由主礼者将一小杯水蘸洒在受礼者额头上,或用手蘸水在受礼者的额头上画十字;东正教通常施浸水礼,由主礼者口诵规定的经文,引领受洗者全身浸入水中三次(表示纪念耶稣受难后在坟墓中的三天)。

洗礼之所以为基督教的重要礼仪之一,是因为基督教认为,领受洗礼可免除入教人的"原罪"和"本罪",并赋予"恩宠"和"印记",使其成为教徒,以后有权领受其他圣事。没有经过洗礼的人不能算作正式的教徒。

3. 告解

告解就是忏悔,即"办神工"。基督教认为此乃耶稣基督为赦免教徒在领洗后对上帝所犯的各种罪,使他们重新获得上帝恩宠而定立的。举行告解时,由教徒向神父告明所犯罪过,以示忏悔。神父倾听后要对其进行劝导,并对此忏悔内容予以保密。

4. 礼拜

礼拜是信徒们在教堂里进行的一项包括唱诗、诵经、祈祷、听讲道和祝福的宗教活动,每周一次,一般星期日在教堂中举行,由牧师主礼。该教认为耶稣基督是在星期日复活的,所以称星期日为"主日",并在这一天上午举行礼拜。在礼拜时,教堂内常设置有奉献箱或传递收捐袋,信徒可随意投钱,作为对上帝的奉献。

除每周一次礼拜外,基督教会还举办圣餐礼拜(为纪念耶稣受难,每月一次)、追思礼拜(为纪念亡故者举行)、结婚礼拜、安葬礼拜、感恩礼拜等。

5. 祈祷

祈祷俗称"祷告",是基督教徒向上帝表示感谢、赞美、祈求或认罪的宗教仪式,包括口祷和默祷两种形式,个人可独自在家进行,也可以在聚会时,由牧师或神父作为主礼人。祈祷者应始终保持必要的虔诚仪态。礼毕,须称"阿门",意为"真诚",表示"惟愿如此,允获所求"。

(四)主要节日

基督教的节日主要有圣诞节、复活节、狂欢节等。

四、伊斯兰教礼仪

伊斯兰教是世界上最有影响力的宗教之一,旧称回教,又名清真教。如今已有9亿多教徒,影响到世界上90多个国家,其中信徒占全国人口80%以上的国家有30多个。主要分布于西亚、北非、中亚、南亚和东南亚等地区。在不少国家,伊斯兰教被定为国教。

(一)伊斯兰教简况

伊斯兰教于公元7世纪创立于阿拉伯半岛。它的创立者为穆罕默德。伊斯兰教以安拉为真主,以穆罕默德为真主的使者。所有信仰伊斯兰教者均称为穆斯林,意即安拉旨意的顺从者。

穆斯林之间,一般互称"兄弟"。伊斯兰教的主要经典是《古兰经》和《圣训》。它的重要节日有宰牲节、开斋节、登霄节、圣纪节等。圣城为麦加。伊斯兰教的标记为新月。伊斯兰教的不同流派很多。

伊斯兰教是世界上第二大宗教。在世界三大宗教中,伊斯兰教的创立时间虽然较晚,但发展迅速,政教合一的历史久远。现代伊斯兰教分布广泛,且与政治结合紧密,把伊斯兰教作为国教,或用其左右政权的国家之多,为各大宗教之最。伊斯兰教是目前世界上教徒人数发展最快的宗教之一。

早在7世纪中叶,伊斯兰教就传入我国,特别在西北地区的回族、维吾尔组、哈萨克族等十多个民族中广泛流传,信徒达1000多万人。

(二)伊斯兰教礼仪

伊斯兰教作为一个历史较长的宗教,有自己的一套礼仪要求。

1. 称谓

伊斯兰寺院又叫清真寺,由教长、海推布、穆安津(宣礼员)等教职人员管理,其中,教长是寺院的主要领袖。

2. 斋戒

伊斯兰教规定,在伊斯兰教历九月全月,每天日出前一个半小时,到当天太阳落山,禁止饮食、房事和任何非礼行为。直到该月最后一天,看到新月时,斋月即告结束。伊斯兰法规定,男12岁、女9岁即为成年。未成年人不必斋戒。

3. 朝觐

伊斯兰教法规定,凡身体健康、有经济条件的男女穆斯林,一生中至少应去麦加朝觐克尔白一次。凡朝觐过的穆斯林被尊称为"哈只"。朝觐既是宗教义务,又是每个穆斯林一生最大的愿望。克尔白是麦加大清真寺内一座方形石殿的名称。

(三)伊斯兰教禁忌

伊斯兰教对饮食有严格的规定。不食不反刍的诸如猫、狗、马、驴、骡、鸟类以及没有鳞的水生动物等;不食自死的动物、非穆斯林宰杀的动物、动物的血;穆斯林杀牲,要念经祈祷,采用断喉见血的方式,不用绳勒棒打、破腹等屠宰法;不食生葱、生蒜等异味的东西。此外,伊斯兰教还禁止饮酒。

伊斯兰教讲究衣着规矩。男子禁止穿纯丝织品制成的衣服,色彩鲜艳的衣服,戴金银饰物。穆斯林妇女是戴面纱、盖头的习惯。戴盖头,即把头发、耳朵、脖子都遮在里面,只露出面部。另外,妇女除了戴盖头外一般还要戴面纱,只露出双眼。在中国,伊斯兰教的服饰也是如此,如女性穆斯林外出时必须戴盖头,老年妇女戴白色的盖头,已婚妇女戴黑色盖头,未婚少女戴绿色盖头。穆斯林男子多戴无檐小帽,又名"礼拜帽",一般为白色,参加礼拜或各种仪式时必须戴礼拜帽。

7.2 外国民间交往礼仪

其实跟中国一样,每个国家在他们的老百姓当中有他们自己流传已久的民间交往礼仪,在这里着重讨论跟我国关系比较密切的日本和美国的民间交际礼仪。

一、亚洲部分国家的礼仪与文化

(一)日本

日本是一个注重礼仪的国家,日本人在任何场合都彬彬有礼。日本人的日常交际礼仪有以下几种。

1. 鞠躬礼

日本人主张低姿态待人,见面时的"鞠躬文化"是日本礼仪文化的基本要素之一,为表示恭敬礼貌,日本人不仅在初次见面时使用,而且在日常见面和道别、感谢、道歉等场合也频繁地使用"鞠躬礼"。初次见面的问候礼,鞠躬30°,告别礼是45°,诚恳亲切。若表示对对方十分尊重,可弯成90°鞠躬,此称为"最敬礼"。

2. 握手礼

如今,受欧美的影响,日本人也习惯握手礼,尤其是年轻人见面时也开始有见面握手的习惯。但日本人初次见面一般不握手。

3. 坐姿

日本人对坐姿很有讲究。在公司里,日本人都坐椅子,但在家里,日本人仍然保持着坐"榻榻米"的传统习惯。坐榻榻米的正确坐法叫"正座",即把双膝并拢跪地,臀部压在脚跟上。轻松的坐法有"盘腿坐"和"横坐":"盘腿坐"即把脚交叉在前面,臀部着地,这是男性的坐法;"横坐"是双腿稍许横向一侧,身体不压住双脚,这常是女性的坐法。现在,不坐"榻榻米"的年轻一代在逐渐增多。

4. 日常生活礼仪

在公开场合一般不使用"不行"、"不同意"等拒绝行词语,而是委婉拒绝。日本人有极强的时间观念,因此,约会时要准时到场。日本人一般不当面打开礼品包装,当你接到日本人送的礼物时,也不要主动打开看,除非对方要求你打开。送花给日本人时,别送白花,因为白花象征死亡。也不能把玫瑰和盆栽植物送给病人。菊花是日本皇室专用的花卉,民间一般不能赠送。日本人喜欢樱花。在商品的颜色上,日本人爱好淡雅,讨厌绿色,忌用荷花、狐狸(贪婪)、獾子(狡诈)等图案。

日本不太流行付小费,如果拿不准,就不给。付小费时把钱放在信封里或用纸巾包裹着,因为日本人认为收现钞是一件很难堪的事。

绝大多数情况下,到日本人家去做客,进门之后要脱鞋。脱鞋之后要把自己的鞋摆放好,不可一脱了事。进入房间时一定要说"打扰您了",然后送上随身携带的礼品。另外,日本人不习惯让客人参观自己的住房,所以不要提出想要参观一下的请求。

到日本人家用餐时,在正式用餐之前,一定要说"承蒙盛情",然后才可以拿筷子。千万不要什么也不讲或夹起菜之后再说,这是非常失礼的行为。需要用洗手间时,一定要征得主人的同意,但是不要说"洗手间在哪里",而应该礼貌地询问:"能用一下洗手间吗?"另外,洗手间内都备有拖鞋,进入洗手间要换上洗手间的拖鞋。

(二) 韩国

韩国人以勤劳勇敢著称于世,性格刚强,有强烈的民族自尊心,同时又能歌善舞,热情好客。

1. 见面礼仪

韩国人在见面时,一般以咖啡、不含酒精的饮料或大麦茶招待客人,客人不能拒绝。晚辈见长辈、下级对上级规矩很严格:握手时,应以左手轻置于右手腕处,躬身相握,以示尊敬;与长辈同坐,要挺胸端坐;若想抽烟,须征求在场的长辈同意;用餐时不可先于长者动筷。

2. 交往礼仪

韩国长期与西方国家接触,故养成互相通报姓氏的习惯,并与"先生"等敬称联用。韩国人在进行业务洽谈时,习惯在饭店的咖啡室或附近类似的地方进行。办公室大多有一套会客用的舒适家具,在建立密切的工作关系之前,举止是否合乎礼仪至关重要。

韩国人一般不轻易流露自己的感情,在公共场所不大声说话,颇为稳重有礼。妇女在发出笑声时要用手帕捂住嘴,以免失礼。在韩国,妇女对男子十分尊重,双方见面时,女子先向男子行鞠躬礼,致意问候。男女同坐时,男子位于上座,女子则下座。多人相聚时,往往根据身份高低和年龄大小依次排定座位。

如应邀去韩国人家里做客,不可空手前往。按习惯要带一束鲜花或一份小礼物,并用双手奉上。进入室内时,要将鞋子脱下留在门口,这是不可疏忽的礼仪。

3. 饮食礼仪

韩国人以米饭为主食,早餐也习惯吃米饭,不吃稀饭。韩国人爱吃辣椒、泡菜,烧烤中要加辣椒、胡椒、大蒜等辛辣的调味品;平时喜食香干绿豆芽、肉丝炒蛋、肉末线粉、干烧鳜鱼、辣子鸡丁、四生火锅等菜。对韩国人来说,汤是每餐必不可少的。有时汤中要放猪肉、牛肉、狗肉、鸡肉烧煮,有时也简单地倒些酱油、加点豆芽即成。韩国人最爱吃的是"炳汤",这是用辣椒酱配以豆腐、鱼片、泡菜或其他肉类和蔬菜加工煮制的。此外,他们也爱吃加醋调成的生抖凉菜,但不喜爱吃带甜酸味的热炒菜。现在,韩国许多年轻人偏爱西餐,在用餐时很讲究礼节,用餐时不随便出声,不边吃边谈,如不注意这一小节,往往会被人看不起,甚至反感。

4. 禁忌

韩国人对"4"字非常反感,许多楼房的编号严忌"4"字,军队、医院等绝不用"4"编号。在饮茶或饮酒时,主人总是以1、3、5、7的数字来敬酒、敬茶、布茶,并避免以双数来停杯罢盏。

二、欧洲部分国家的礼仪与文化

欧洲现在有46个国家,英国、法国、德国、意大利和俄罗斯等国是欧洲的主要国家。

(一) 英国

英国全称是"大不列颠及北爱尔兰联合王国",由许多岛屿组成。

1. 社交礼仪

英国人待人彬彬有礼,讲话十分客气,"谢谢"、"请"字不离口。对英国人讲话也要客气,不论他们是服务员还是司机,都要以礼相待,请他办事时说话要委婉,不要使人感到有命令的口吻,否则,可能会使你遭到冷遇。英国人对于妇女是比较尊重的,在英国,女士优先的风气很浓。如走路时,要让女士先进。乘电梯让妇女先进。乘公共汽车、电车时,要让女子先上。斟酒要给女宾或女主人先斟。在街头行走时,男的应走外侧,以免发生危险时,保护妇女免受伤害。丈夫通常要偕同妻子参加各种社交活动,而且总是习惯先将妻子介绍给贵宾认识。英国人的时间观念很强,拜会或洽谈生意,访前必须预先约会,准时很重要,最好提前几分钟到达为好。他们相处之道是严守时间,遵守诺言。

2. 服饰礼仪

英国人的穿衣模式受到世界许多人的推崇。尽管英国人讲究衣着,但十分节俭,一套衣服一般要穿十年八年之久。

3. 饮食习惯

英国的"烤牛肉加约克郡布丁"被称为国菜。这是用牛腰部位的肉,再把鸡蛋加牛奶和面,与牛肉、土豆一起在烤箱中烤制的菜肴。在英国,普通家庭一日三餐,并以午餐为正餐;阔绰人家则一日四餐,茶点一般在下午4时~5时,晚餐是正餐。英格兰人一般都爱吃酥皮葱饼。英国人在进餐时,一般都爱先喝啤酒,还喜欢喝威士忌等烈性酒。

4. 禁忌

对英国人称呼"英国人",他们是不愿意接受的。因为"英国人"原意是"英格兰人",而你所接待的宾客,可能是英格兰人、威尔士人或北爱尔兰人,而"不列颠"这个称呼则是所有的英国人都能感到满意的称呼。

英国人同别人谈话时,不喜欢距离过近,一般以保持50厘米以上为宜。他们还特别不喜欢大象及其图案,认为大象笨拙,令人生厌。他们很讨厌墨绿色,认为墨绿色会给人带来懊丧。他们很忌讳黑猫,尤其是若黑猫从面前穿过,更会使人恶心,认为这将预示着这个人将遭到不幸。他们忌讳把食盐碰撒,哪怕你是不小心的,也会使人非常懊丧的,认为这是引发口角或与朋友断交的一种预兆。他们忌讳有人打碎玻璃,认为打碎玻璃就预示着家中要死人或起码要有7年的不幸。

英国人忌讳百合花,并把百合花看做是死亡的象征。他们忌讳在众人面前相互耳语,认为这是一种失礼的行为。他们忌讳有人用手捂着嘴看着他们笑,认为这是嘲笑人的举止。他们在饮食上不愿意吃带黏汁和过辣的菜肴,忌用味精调味,也不吃狗肉。

(二)法国

1. 传统文化

法国位于欧洲大陆西部,国花为鸢尾花和白百合,国鸟为公鸡,国石为珍珠。法国是名副其实的浪漫之都,有着迷人的沙滩海景,有浓郁香醇的葡萄酒,有神秘的埃菲尔铁塔,有世界著名的香榭丽舍大道,有豪华的凡尔赛宫,有建造180年之久的巴黎圣母院,有享誉全球的法国服饰、香水、顶级钻石。如今的法国早已成为美丽与时尚的发源地。

2. 葡萄酒文化

法国是葡萄酒的发源地,法国的葡萄酒是富贵与浪漫的象征,早已闻名天下。现在,世界上约有1/5的葡萄酒源自法国,成为世界上仅次于意大利的第二大葡萄酒生产国,其中最为著名的两个产区是波尔多和勃艮第。

3. 饮食文化

世界上最懂得享受美食、享受生活,并用美食充实生活的国家无疑就是法国,浪漫的法国文化塑造了浪漫的法国料理。法国菜追求情调,以其美味可口出名,具有选料广泛、用料新鲜、装盘美观、品种繁多的特点。法国的饮食除以浪漫著称以外,还有经典的咖啡文化。法国巴黎的咖啡馆时尚已延续数个世纪,咖啡馆就像巴黎的城市灵魂。

4. 风俗礼仪

法国人喜欢浪漫优雅,生活中离不开花。探亲访友、前往约会、参加宴席总要带上一束美丽的鲜花。但切忌送菊花、牡丹花、康乃馨,而且送花最好是单数,但绝对不能是13朵。法国人相当忌讳"13",宾馆里没有13号房间,不在13日这天外出旅行,不坐13号座位,甚至不准13个人共进晚餐。法国男士有有名的绅士,对女士非常尊重,处处体现"女士优先"的原则。

三、其他洲主要国家的礼仪与文化

(一)美国

从心理品质和性格上来讲,美国人比较浪漫,喜欢新奇,自由、平等观念较强。美国人在日常生活中不拘小节,崇尚自由、轻松、随意,喜欢幽默,见面时一般施点头礼、鞠躬礼、举手注目礼、握手礼、接吻礼。如果要想在美国赢得好人缘,以下几点会给你一些帮助。

(1)保持面带微笑,碰到认识的朋友时,主动问候对方。多赞美对方,到别人家里做客时,有机会就要赞不绝口地表示对主人招待的赞美和感谢。要注意自己的仪容整洁;说话有礼貌。

(2)不要探听他人隐私。美国是一个特别注重个人隐私的国家,美国人不会问新结识的朋友任何有关个人经济、宗教及政治方面的问题。

（3）守法与公德。美国人有事得排队时,都是以到达的先后次序站队等候。

（4）赴宴时带份小礼物。美国人不流行送厚礼,但应邀去美国家庭吃饭作客时,如能选购一份小礼物,如将一棵小植物盆景带去给女主人,是非常受欢迎的。

（5）美国是注重绅士风度和淑女风范的国家,大部分人都注重自己的个人修养,特别是在公众场合。美国有"小费"文化,在接受他人服务的时候最好入乡随俗地付小费,对别人表示感谢。

（6）美国节日较多,美国独立日、华盛顿诞生纪念日、情人节、母亲节、父亲节等,此外还有感恩节、圣诞节。感恩节也叫火鸡节,是北美特有的节日,这一天家人朋友团聚庆祝,到处都有各种体育、文艺表演,十分隆重。12月25日圣诞节是美国最盛大的日子,节日风俗与文化已经渗透到世界各国。

（7）美国人忌讳数字13和星期五,忌讳黑猫、蝙蝠,认为黑猫从面前经过、见到蝙蝠和打破镜子是凶兆。

（二）澳大利亚

澳大利亚曾沦为英国殖民地,独立后仍为"英联邦"成员国。其中95%为英国人后裔,通用英语。

1. 社交礼仪

澳大利亚人见面习惯于握手,不过有些女子之间不握手,女友相逢时常亲吻对方的脸。男人们相处,感情不能过于外露,大多数男人不喜欢紧紧拥抱或握住双肩之类的动作。在社交场合,忌讳打哈欠、伸懒腰等小动作。

2. 服饰礼仪

澳大利亚男子多穿西服,打领带,在正式场合打黑色领结,达尔文服是流行于达尔文市的一种简便服装。妇女一年中大部分时间都穿裙子,在社交场合则套上西装上衣。无论男女都喜欢穿牛仔裤,他们认为穿牛仔裤方便、自如。土著居民往往赤身裸体,或在腰间扎一条围巾,有些地方的土著人讲究些,装饰品丰富多彩。

3. 饮食习惯

澳大利亚人在饮食习惯上以吃英式西餐为主,其口味清淡、不喜油腻。澳大利亚的食品素以丰盛和量大而著称,尤其对动物蛋白质的需要量更大。他们爱喝牛奶,喜食牛肉、猪肉等。他们喜喝啤酒,对咖啡很感兴趣。

4. 禁忌

澳大利亚人对兔子特别忌讳,认为兔子是一种不吉利的动物,人们看到它都会感到倒霉。与他们交谈时,宜多谈旅行、体育运动及到澳大利亚的见闻。其他习俗禁忌,较类似于英国。

7.3　少数民族习俗礼仪

我国是一个统一的多民族的国家,共有56个民族。其中少数民族分布在全国50%~60%的地区,其中东北、西北、西南比较集中,多与汉族杂处。由于地理环境与社会文化两个因素的影响,各个民资仍保留自己传统而独特的风俗习惯,甚至在同一个民族中,因居住地不同、发展不一,其习俗也迥然各异。但在这这些不同的风俗之间又有着千丝万缕的联系,显示出各民族之间的友好和团结。

一、东北、内蒙地区礼俗

东北,即我国东北地区的黑龙江、吉林和辽宁三省。居住在这里的少数民族主要有6个,即满族、朝鲜族、赫哲族、达斡尔族、鄂温克族和鄂伦春族。蒙古族则主要居住于内蒙古自治区。满族、朝鲜族和蒙古族为我国东北、内蒙古地区主要的少数民族。

（一）满族礼俗

满族是一个历史悠久的民族。清代以来的300多年间,满、汉长期杂居共处,关内的满族已在语言、服饰、习俗等方面与汉族无异;居于关外(东北)各地的满族人民,只是在满族聚居的偏僻乡村中,仍有一部分满族居民使用满语,保持着满族的一些固有习俗。

1. 满族重视礼节

过去,平时见长辈行"打千"礼,男子曲右膝,右手沿膝下垂;妇女双手扶膝下蹲。平辈亲友相见,不分男女行抱腰接面大礼。满族以西为上,室内西炕不得随便坐人和堆放杂物。

2. 满族有尊上、敬老、好客、守信的美德

在待人接物方面,满族也有严格的礼仪要求。满族人礼宾好客,留客人在家吃饭时,也是很讲规矩的,酒要斟满、茶斟半碗,因为有"酒满敬人、茶满欺人"之说,而且客人不放筷子,主人不能先放下筷子。主客之间边吃边说,小辈绝对不许插嘴,但格格(未出嫁的姑娘)例外。外出做客时,长辈与小辈不能同席,父子不同桌。小辈一般都另开一桌。备宴在留客人吃饭时,满族人也有很多的说法。招待客人时,以双为敬,要炒四个菜、六个菜、八个菜、十个菜,总之要是双数。上菜时先上什么菜,后上什么菜,不上什么菜,满族人也有很多的讲究。例如,上菜时,第一道菜不能为蛋类的菜,在满族人看来,那是让客人"滚蛋"的意思,是对客人的大不敬。而最后上的一道菜则一般是粉条,意味着常来常往和走动得长远。汉语已成为满族人民的重要交际工具,当亲朋好友见面时,问候的话语也早已使用了汉语,如"您好"、"您吉祥"、"给您老人家请安了"。

3. 满族禁忌

有一些禁忌,至今仍保留着。如满族至今有放犬的习俗,家家养狗,但忌杀狗、吃狗肉,忌带狗皮帽子或使用其他狗皮用品;忌打乌鸦、喜鹊,因为他们有"神鹊救主"的传说;在满族老百姓家里的院子中,都喜欢种柳树,但忌在柳树下拴马、喂养家禽等;忌在西墙挂衣物、贴年画;忌讳女人或客人在西炕就坐,狗皮制品或鞭子也禁止放在西炕上;忌在锅灶、火塘的三角架上越过,更忌讳用脚踩踏或坐在锅灶或火塘边;忌将吃剩的食物残渣扔进锅灶或火塘里。

（二）蒙古族礼俗

我国的蒙古族人民世世代代生活在我国北部的大漠上,大多从事畜牧业,他们的生产、生活与草原、牛羊息息相关。蒙古族的礼仪风俗主要有以下几点。

1. 献哈达

蒙古人热情好客,待人诚恳,蒙古族的最高礼节是敬献哈达。献哈达时,主人张开双手捧着哈达,嘴里吟唱着祝福客人吉祥如意或者赞美客人的赞美语,走到客人的面前。客人要站起身,头稍微向下低着,献哈达的人将哈达挂在客人颈子上。客人双手在胸前合起,并向主人鞠躬表示谢意。

2. 敬奶茶

客来敬茶是蒙古族一项传统的礼仪。蒙古族在招待客人之初,一般先端来一杯奶茶,作为应酬。主人在向客人敬茶的时候,客人应该稍稍欠身并用双手或者右手去接,千万不要用左手去接茶碗,那是相当不礼貌的。上过奶茶之后,同时摆上黄油、奶皮子、奶豆腐、奶酪、炒米等食品,供客人食用。

3. 递鼻烟壶

递鼻烟壶是蒙古民族古老的习俗,在蒙古包里作客,殷勤好客的主人,常常要拿出一个精致如瓷瓶样的小壶,敬给客人嗅,这就是装着鼻烟的鼻烟壶。

4. 祭敖包

这是蒙古族的传统祭祀活动,敖包在蒙古语中是"石堆"或"鼓包"的意思。每年春夏之交或是秋季,牧民们便举行祭敖包活动,将经文写在纸条或布条上,展挂于树枝,插在敖包上。有条件的地方会请上活佛和喇嘛,由喇嘛吹奏法号、焚香、诵经,祭祀人群自左向右绕包走三圈,祈神降福。

祭祀活动结束后,一般要举行传统的赛马、射箭、摔跤、唱歌、跳舞等娱乐活动,人们三三两两围坐在一起开怀畅饮,交谈。有的青年男女借此机会避开人群,溜到草丛中谈情说爱,相约再见的日子,即成所谓的"敖包相会"了。

5. 蒙古族的礼仪禁忌

(1) 火忌。蒙古族崇拜火,火神和灶神。所以,进入蒙古包后,忌在火炉上烤脚,更不许在火炉旁烤湿靴子和鞋;不得跨越火炉或脚蹬火炉;不得在炉灶上磕烟袋、摔东西,扔脏物;不得用刀子挑火或将刀子插入火中;不得用刀子从锅中扎取肉食。

(2) 水忌。蒙古族认为水是纯洁的神灵,忌在河流中洗手和沐浴,也不许洗妇女的脏衣服或将不干净的东西投入河中。牧民家有重病号或病危者时,一般在蒙古包左侧挂一根绳子,并将绳子的一端埋在东侧,忌外人进入。

(3) 产忌。蒙古族妇女生孩子后,一般要在屋檐下挂个明显的标志,生男孩挂弓箭,生女孩挂红布条,客人见此止步。

(三) 朝鲜族礼俗

居住在我国境内的朝鲜族,主要分布在东北三省,多聚居在吉林延边朝鲜族自治州,少量散居在全国各地。从19世纪中叶起,朝鲜人陆续迁入我国变成一族,他们在服饰妆扮、生活起居、文体活动等方面都独具特色。

1. 尊老爱幼、礼貌待人

朝鲜族自古就有尊老爱幼、礼貌待人的优良传统习惯。老人在家庭和社会上处处受到人们的尊敬,每年还有专门为老人设立的节日,十分热闹。在家庭内部,儿孙晚辈都以照顾体贴老人为荣。

朝鲜族人热情好客,对于来访者,无论是亲戚好友还是素不相识的人,都会热情地给予接待。进屋之前,要将鞋子脱在门外。家中有客人来时,家庭成员都要起立让座,躬身相迎。男人到别人家作客时,要盘腿而坐;女人到别人家作客时,坐在炕上之后要把双腿蜷向身子的一侧,其姿势"似跪而坐,似坐而跪"。不论男女,不能在外人面前随意伸腿,更不能岔开双腿。朝鲜族喜用狗肉招待客人,吃狗肉,喝肉汤;煮熟的狗心、腰子、肝等切成片,加上特制的调料,拌成菜肴。这些都是招待客人的传统酒肴。

2. 节日活动

朝鲜族是一个能歌善舞的民族,逢节假日和喜庆日,都可以看见朝鲜族群众载歌载舞、欢腾雀跃的活动场面。其歌舞艺术具有悠久的历史传统,无论男女老少,不仅都能唱能跳,而且还都十分酷爱传统体育活动。每逢年节,朝鲜族人民都要举行规模盛大的民族运动会,进行秋千、跳板、摔跤以及足球、排球比赛。最精彩的要数秋千和跳板两个项目,参加者都是本族妇女。

朝鲜族也过春节,视除夕为小年,农历1月初一为大年。但不贴对联,不放鞭炮,不守岁,不吃午夜饭。此外还过耳明节、清明节、春游节、端午节、麦收节、冬至节。耳明节为农历1月15日,是朝鲜一年中最热闹的节日。晨起(日出前),人们争先恐后到村中水井挑第一桶水,用此水做五谷饭,喝耳明酒。然后以村为单位举行文艺或体育活动,晚间家家灯火通明,唱歌跳舞,直至深夜,如汉族过"除夕"。麦收节为8月15日,届时割坟头草、赏月、办文艺活动,庆祝丰收。冬至节以节令为祭日,家家户户喝冬至粥以祭。

3. 饮食

冷面、打糕、泡菜和明太鱼都是朝鲜族人十分喜爱的食物,另外他们还有喜吃狗肉的习俗。一种名叫"麻格里"的家酿米酒是朝鲜族常用来招待客人的,味道似我国江浙所产的黄酒。

4. 礼仪禁忌

1）生育禁忌

孕妇禁用有豁口的瓢、碗饮水;孕妇忌吃鸡肉,怕产后无乳汁。

2）婚姻禁忌

同一个祖宗传下来的同姓男女之间不能婚配;同一个祖宗传下来的异性男女之间不能通婚;不能与姑表亲、姨表亲通婚;家有丧事,在一年内不能成婚。

3）丧祭礼禁忌

泥鳅、鳝鱼等没有鳞的鱼,因其形状像龙,不能用做祭祀用品;在举行神祭（三年以内的祭祀称为魂祭,三年后的祭祀成为神祭）时,汤菜里不能撒辣椒面;祭桌上不能摆狗肉;马口鱼不能上祭桌。

4）建房、搬迁禁忌

在建房和搬迁禁忌中有:房屋正面要开阔,忌讳与山峰恰好相对;搬家时,要选择吉日和普通日,避开凶日（农历每月的7日、17日、27日为吉日,9日、19日、10日、20日为普通日,其他为凶日）。

5）生产禁忌

大田播种日期分为伸日和缩日（农历每月的1～5日、11～15日、21～25日为伸日,其他为缩日）,选在伸日播种,庄稼长得好。

6）其他禁忌

忌讳他人称本民族为"鲜族"。在婚丧、年节期间不杀狗、不食狗肉;在朝鲜族家里做客,吃完饭后要在碗里剩些食物,否则主人会认为准备不足。晚辈不得在长辈面前吸烟、喝酒;父子不能同席,在家宴中无法回避时,年轻人要举杯背席而饮,以示对老人的尊敬;吸烟时,不得向老人借火和接火,否则便被视为一种大不敬的行为。

二、西北地区礼俗

西北地区少数民族,大多集中在宁夏回族自治区和新疆维吾尔自治区,如回族、东乡族、土族、撒拉族、保安族、裕固族、维吾尔族、哈萨克族、柯尔克孜族、锡伯族、塔吉克族、乌兹别克族、俄罗斯族和塔塔尔族,其中回族和维吾尔族人数相当集中。

（一）回族礼俗

在全国少数民族中,回族人口之多,仅次于壮族。不仅人数多,分布也广,在全国2000多个县中,差不多都有回民。比较集中的是宁夏回族自治区。

1. 生活礼俗

回族的生活礼俗,在长期的社会发展中,受到伊斯兰教文化的影响。如诞生礼中回族妇女临产时的洗大净,命名礼中给婴儿取伊斯兰教先贤中的名字。但回族礼仪在产生和发展过程中,又有本民族鲜明的特点,与宗教维系有明显的区别。随着社会的不断发展,这些习俗也随之发生了一些变化,表现出了多重的民俗结构。

回族民居内部的布局分配体现以西为贵,西房通常为成年人居住,西墙是老年人在家礼拜时面对的地方。当年老人做礼拜的时候,切忌旁人从正在礼拜的老人前面走过。

回族婚姻一般实行族内婚,少数与其他民族通婚者,原则上要求对方随回族习俗生活。斋月一般不结婚。

回族人把人的去世称做"归真",实行土葬、速葬、薄葬。土葬送葬时众亲友争抬"金匣",不穿寿衣,不戴孝帽、黑纱,不哭丧,不鸣鞭炮,不搞吊孝活动。

2. 热情好客

回族是一个热情好客的民族,他们遵循"持家要俭,待客要丰"的优良传统,非常重视待客的礼节。当家中来了客人,主人会立即起身,奉上好茶招待。倒茶水时要当着客人的面将碗盖揭开,然后盛水加盖,双手捧递。这样做是向客人说明这杯是没有人喝过的茶水,表示对客人的尊敬。待客时,一般男主人陪客聊天,女主人则在厨房准备饭菜款待客人。回族人很讲究卫生,就餐前都要先洗手,再入席。进餐时,上席长者先动筷子,其他人才能进食。吃烙饼、馍馍、油香时,不拿在手里大口大口咬着吃,而要用手掰着吃;放饼时,注意将面子放在上面,掰开后没吃完的,不要勉强塞让同席者吃。当客人道别时,回族人总是满脸笑容,并一再挽留,一直将客人送出自家大门。

3. 礼仪禁忌

回族人的禁忌主要体现在对饮食的禁忌方面。回族人大多信奉伊斯兰教,因而忌食猪肉,同时忌食驴肉、马肉、狗肉,回族人不吃自死动物的肉,不吃带血的肉,也不吃无鳞的鱼类。在语言上,回族人在形容禽畜类是忌说"肥",而说"壮";忌说"杀"而说"宰";忌说"肉"而说"菜"。相互之间忌用禁忌物来打比喻。

(二) 维吾尔族礼俗

维吾尔族的祖先是骑马游牧民族。汉代时,匈奴十分活跃。后来,阿尔泰语族的游牧帝国与匈奴的抗争连年不断,唐天宝三年在突厥的北方过着游牧生活的铁勒部族的一支回纥(即维吾尔族)取代东突厥,在蒙古北部鄂尔浑河流域建立起了游牧国家。此后,维吾尔族与唐朝的关系不断加深。9世纪下半叶以后,维吾尔族被赶出蒙古北部高原,他们经河西走廊迁徙到今天的新疆维吾尔族自治区内。其中有80%的维吾尔人居住在南疆。他们的衣食住行有着自己独特的民族风格。

维吾尔族是一个非常注重礼仪的民族,他们热情好客、爽直忠厚,在日常生活当中,人与人之间的交往都非常讲究礼节。在人与人交往的过程中,他们遵循着晚辈礼让个长辈,男士礼让妇女,年轻者礼让年长者的原则。

1. 维吾尔族的尊老礼仪

维吾尔族对长者非常尊重,走路时让长者先行,谈话时让长者先说,进门时让长者先进,入座时让长者先坐上席。如骑马或骑驴出行,晚辈要给牲畜备鞍、喂草、饮水、乘骑时要扶老人上下,而且斜鞍、饮马、喂马的事都由年轻人去做。晚辈在老人面前不喝酒,不吸烟,不说不恭敬的粗话。

2. 见面礼仪

维吾尔族人待人讲究礼貌。熟人、亲朋见面时,要用右手抚胸微微躬身,互道"萨拉姆"(平安),或握手问候;妇女在问候完毕,双手扶膝,躬身道别。妇女还有互相亲吻脸颊和长辈吻晚辈的礼节。接受物品要用双手。过去习俗规定,男女互相见面时,不准握手,只问候。如果家中只有女人时,男客不得轻易入内。现在的男女青年之间则不受这些旧俗约束。

3. 待客礼仪

如果来客,要请客人坐在上席,摆上馕、各种糕点、冰糖等,夏天还要摆上一些瓜果。招待客人时,先给客人上茶水或者奶茶。在招待喝茶时,从来不用过夜茶和剩茶,而是重新烧茶。条件好的人家用大碗奶茶招待客人,并喜欢把馕掰成小块放在茶碗里,让客人吃。招待客人喝完茶之后,还要招待客人吃饭。维吾尔族人招待客人饭食,要根据客人的身份来区别对待:如果是远道来的客人,常做"玉古尔(银丝擀面)"来招待,有汤有面,帮助客人解除疲劳;如果是自己的朋友来作客,常常根据朋友的口味来做饭食招待。除此之外,维吾尔族人还常做薄皮包子、抓饭、手抓羊肉来招待客人。如果用抓饭待客,饭前要提一壶水,请客人洗手。吃饭时,长者坐在上席,全家共席而坐。吃过饭后,还要以烧茶或以水果招待客人。饭前、饭毕,长者领作"都瓦"祈祷。

4. 做客礼仪

在维吾尔人家做客时,客人要坐在毡上或炕上,进餐时围坐在餐布旁,要旁腿坐或跪坐,不能蹲,更不能双腿伸直脚心朝外。做客时应听从主人招待,主人斟茶时,客人不必表示客气而接过壶自己动手。吃馕和点心时要掰成小块,不能整个拿来啃。不要用鼻子嗅食物或随意拨弄盘中食物,也不要随便道主人的锅灶跟前去,随意揭看锅盆等炊具。掉下的食物要捡起来,放在餐布或桌子上。在葡萄园做客时,无论吃多少都可以,但掉落的葡萄要捡起来,一颗都不浪费。

5. 礼仪禁忌

(1)做客禁忌。做客时,如实在不想吃东西,也要尝一口,以示尊敬,不能完全拒绝。要把碗中的饭吃干净,不要在碗中剩食。做客时,如有事要离席,不能从人前走,必须转到人后走。吃完饭祈祷时,禁止东张西望,或起身走动。主人餐盘未收拾好之前,客人不得离席,否则会被视为不礼貌。

(2)服饰禁忌。禁止穿袒胸露背的衣服及过于短小的衣服,不要穿背心短裤在室外活动,禁止女性服饰过于性感。

(3)饮食禁忌。新疆穆斯林禁食猪、狗、驴、骡肉和猛兽猛禽的肉,忌食未经宰而自死的动物的肉,也禁食所有动物的血,南疆人还禁食马肉、鸽子肉、骆驼肉,多数人不吃酱油。

(4)其他禁忌。清真寺是穆斯林向真主祷告之地,忌喧闹、随地抛洒垃圾及大、小便;忌在麻扎(墓地)挖土,毁坏草木或大小便;不可在礼拜着面前走过,围观,取笑;忌在涝坝(贮水池)、伙房、水房等地大小便;忌抽大麻烟(毒品)、赌钱、酗酒、斗殴、说谎、偷摸等,这些都被视为丑恶行为,收到舆论指责;忌长时间凝视他人或他人的物品。

三、西南地区礼俗

西南地区是我国少数民族最为集中的地区。那里有藏族、门巴族、珞巴族、羌族、彝族、白族、哈尼族、傣族、傈僳族、佤族、纳西族、景颇族、布朗族、阿昌族、普米族、怒族、德昂族、独龙族、基诺族、侗族、水族等民族,散布于四川、云南和贵州三省及西藏自治区境内,一同组成了我国西南民族大家庭。其中藏、彝、白、傣、苗、侗等民族的人口均已逾百万。

(一)藏族礼俗

藏族历史悠久,主要分布在西藏自治区以及与它邻接的四川、青海、甘肃和云南等省的部分地区。由于居住在高山地区,藏族的生活习俗多与高山环境有关,又因为大多数藏民信奉喇嘛教,故他们的生活习惯也受该教影响。藏族主要有以下几种礼俗。

1. 献哈达

献哈达是藏族人民最普遍的一种礼节,常在礼佛、建房典礼、送别迎亲时使用,表示尊敬、祝贺、表达纯洁、诚挚之心。哈达有黄、白、蓝、绿、红五种,最常见的为白色哈达,象征纯洁、吉利。哈达一般用丝绸做成。五彩哈达是最为隆重的礼物,是献给菩萨和迎亲做彩礼用的特定礼物。接送哈达有讲究:晚辈向长辈或活佛敬献哈达时要微微躬身,双手捧着献于手上或置座前桌上,献后后退数步方能转身离去,以示尊敬;长辈给晚辈赠送哈达可直接挂在对方颈上;平辈献哈达只需献于手上;接受哈达者,身体要微微前倾,恭敬地用双手接过,然后举过头顶,挂在自己颈上,以示谢意。有事求人则要到人家里献哈达,将哈达献于主人家神龛前,对方应允留下哈达,不应允则当面退还。向对立的一方献哈达,对方接受了哈达,意味着有可能化干戈为玉帛。

2. 磕头礼

藏族人有很多都信教,信教的藏族人在寺庙拜佛甚至遇到大活佛时,都要行磕头礼,磕头时,人们将头上的帽子脱下,将头上的发辫解开,双手着地磕三个响头,以示尊敬、忠诚及亲热。藏族是一个很讲究礼节的民族,除了磕头礼之外,日常生活中还有很多的礼节,例如,藏民在见面打招呼时,点头吐舌表示亲切问候,受礼者应微笑点头回礼;有客人来拜访,藏族人等候在帐外目迎贵客光临;藏族人见到长者或尊敬的客人,要脱帽躬身,帽子拿在手上接近地面,若骑马相遇,定要下马致礼;见到平辈,头稍低就行,帽子拿在胸前,以示礼貌;男女分坐,并习惯男坐左女坐右。

3. 敬酒茶

常见为敬青稞酒、敬酥油酒茶。敬酒以满杯为敬,客人喝酒时,先用食指沾酒向天空弹三次,祝"扎西德勒"后再喝,意思是敬天神、敬地、敬佛。若客人酒量不大,经主人同意,也可不喝,以表示礼节。一般敬酒,主人先请客人喝一口,然后添三次,最后再一满杯饮干。如此主人家会很高兴。敬酥油茶也是藏家的日常礼节。敬茶时讲究长幼和尊卑有序。先长辈、父母、客人和尊者,再晚辈和主人。若有客来,主人要用清水把碗洗净,揩干,用火烘干,然后再斟茶用双手捧献于客人前,客人饮用后,主人会很快添上,除非客人以手盖碗表示不能再饮为止。起先斟茶时不能把碗倒满。客人喝过一口后,主人可斟满,以表示主人大方、不吝啬。客人告辞时,茶碗里的茶不能全喝完,表示对主人的尊敬和有礼貌。

4. 称呼

藏族非常注意使用敬语,这种风气拉萨人更为讲究。在拉萨甚至整个西藏,每句话都有三种讲法,即普通用语、敬语和最敬语。无论名词、动词、形容词都是这样。地位相同的人相互用敬语,地位低的人对地位高的人也用敬语,对地位悬殊的人用最敬语。不会敬语的人被认为缺少教养,而敬语用错了,便会闹出笑话。藏族人非常重视称谓,称谓不准确,往往被认为不懂礼貌。在对方名字后面加"拉"字,表示尊敬。

5. 礼仪禁忌

藏族禁忌较多,有行为、宗教、语言、食物及生产劳动等诸多方面。

(1) 生活禁忌。家中有危重病人或家庭不顺,户外插青枝柏叶或石头上放有红线,或用石压刺,以示谢绝客人;屋内不准吹口哨,唱情歌;年尾忌债翻年,年头忌要债;家中佛龛不允许别人乱摸,也不得随便指问;主人及客人在火塘上首位置就坐,只能盘坐或跪坐;不准随便跨越火塘;不准在神龛上放杂物;忌妇女外出不披披肩;忌妇女在炉灶上站立、蹲坐。

(2) 语言禁忌。在长辈、尊者面前,忌讲丑话脏话;在家中忌讲不吉利的话,特别是喜庆佳节;忌用污言秽语咒人;忌用不吉利的语言骂牲畜。

(3) 生产禁忌。不打杀鹊、雁、鹰、雕、乌鸦、家狗、家猫等;在藏东地区,人们几乎不食鱼,也不能触摸蛇、蛙等动物,认为鱼、蛙这些水生动物是龙神的宠物,若伤害或触摸会染上疾病;雨季,忌在高山上砍伐木材或高声叫喊;在防霜防雹期,忌火化尸体。

(4) 饮食禁忌。忌吃马、驴、骡、狗肉,有的人连鸡肉、猪肉和鸡蛋也不食用;鱼、虾、蛇、鳝以及海鲜类食品,除部分城镇居民(大多为青年)少量食用外,广大农区和特区的藏族人一般不食;孕妇忌食用兔肉;即使是吃牛、羊肉,也不能吃当天宰杀的鲜肉,必须要过一天才食;大蒜可作为平常生活的调味品,但是如果去寺庙礼佛时,忌吃大蒜,吃大蒜三天后,才可以去寺庙。藏族人觉得大蒜的臭气会污染寺庙。

（二）彝族礼俗

彝族是我国西南地区人口最多的一个少数民族,主要分布在云南、四川、贵州、广西等省(区)。四川凉山彝族自治州是最大的彝族聚居区。早在2000多年前,彝族人民就创造了灿烂的文化,在农牧业和天文、历法、气象等方面都积累了丰富的知识和宝贵的经验,他们的生活习俗等具有其民族的特性。

1. 传统节日

"火把节"是彝族的传统节日。一般是在农历6月24日前后举行。这项活动非常隆重。每逢节日,各地的彝族人民都要举行各种活动,节日之夜手持火把在田间绕行是必不可少的活动内容之一。四川大凉山一带的彝族人民过火把节要欢度三天。三天中各村寨都要杀牛宰羊,吃"姥姥肉",即将牛羊肉切成大小均匀的块状,然后煮熟了吃。男女老幼均身穿盛装,参加自己喜爱的活动。男子主要是摔跤、赛马、斗牛等,妇女的活动内容大多为唱歌、跳舞,有的弹口弦,有的向小伙子"敬酒"。著名的"阿细跳月"是节庆时常跳的一种舞,男奏女舞,充满着热烈、乐观的生活气氛。入夜后才进入节日的高潮,人们排成长队,举着火把,边唱 跳,在村寨在田野间迂回,形成一条长长的火龙,炎龙翻腾、时隐时现,十分壮观。火把节的狂欢之夜还是青年男女结识、相爱的良机。

2. 用餐礼仪

彝族人饮食习惯以粮食为主。爱吃各种面食,如包子油饼,也喜欢吃盐和红辣椒。彝族人用餐讲究男女有别、长幼有序。长辈坐上席,晚辈只能坐在下方的位置上。吃饭不用桌椅,也不用刀叉,更不使用筷子,而是用马勺子。吃饭时,大家围坐成一圈或一排,每个人用右手握马勺,左手拿肉,并按饭、肉、汤沿着自己一侧的边沿一次动手,忌伸出长手越过自己的位置老远去拿肉、舀饭和舀汤,以"先汤后饭再肉"的方式用餐。长者或主客未放下马勺子或未离席前,晚辈要静坐等候;子女离席时,须向父母行礼致谢。

3. 待客礼仪

彝族待客礼仪由其经济情况而定,同时要考虑客人的尊贵、亲疏等因素。招待同姓或一般客人是杀鸡。懂得彝族凉山习俗的人都知道,鸡虽是杀给你吃的,但不能吃得太多。鸡胸脯肉要给年长妇女吃,客人或当家的人吃鸡头鸡脖,鸡肝和鸡胗要敬献给老人,鸡腿要给小孩子。吃鸡时,应剩一些,不然会闹笑话。非常尊敬的客人来了就要杀牛来招待,但杀牛招待客人的家庭不多,一般是娘舅家来人且人多时要杀牛招待客人。在凉山彝族地区,招待贵客一般杀猪或羊,有时多路贵客一起来到时,为了表示尊重,猪和羊成双杀,凡是待客的酒都烹制成坨坨肉或连锅汤。

4. 敬酒礼仪

嘉宾贵客接受盛大敬酒仪式时,主人家会选派四位壮小伙,其中两位抬上一大坛酒,另两位用大簸装上九大杯酒恭恭敬敬走到贵客主席方献上酒。客人接受酒礼时,首先起身,在大簸里先拿最前面的两杯(泉水)喝上一口后,才能端酒。其中,第一杯酒敬天,第二杯酒敬地,第三杯酒方可饮。贵客饮了第一杯酒后,把酒杯放回原位,再拿金黄丝帕擦嘴,白丝帕擦手。

5. 礼仪禁忌

彝族的礼仪当中也有诸多禁忌,主要体现在饮食、语言、行为、三个方面。

（1）饮食禁忌。忌拿灵长动物(熊、狗、猴、猫等)肉进屋,也忌食其肉;禁食马、骡、蛇、蛙等肉;禁孕妇吃獐肉、兔肉;禁小孩吃鸡胗、猪耳、羊耳;男子忌食推磨时磨轴折断的面粉;忌食搅拌时筷子折断的食物;忌做客不留肉;忌把饭端给主人;忌吃粮种;忌用镰刀割肉而食;拉羊到堂屋备杀时,羊突然叫者忌食。

（2）语言禁忌。忌在众人面前说脏话;彝族家有病人时忌说死伤之类的话;忌在众人面前直言小便、大便、放屁、生育之类的话;忌口头禅中带有类似两性生殖器内容的语言;忌翁媳和兄媳之间随意开玩笑;忌对婴儿用"胖"、"重"、"漂亮"之类赞语;忌说"杀年猪",而要说"抓年猪";忌在家人外出时说不吉利的话;忌无故恶语咒骂他人和禽畜树木。

(3) 行为禁忌。大年初一忌扫地,否则认为会把财气扫走;忌泼水,否则认为一年四季雨量多;忌串门拜年,否则认为凶神恶鬼会到处乱窜,惹祸遭灾;孕妇忌给新娘梳头,也忌给新娘缝嫁妆,忌来往于他人婚礼;忌婚丧嫁娶日宰杀山羊;忌订婚、过年所杀的猪羊等畜无肝脏或脾脏;忌把锄头和斧子放在一起;忌在屋内将锄或斧子扛于肩上;在田间劳动时忌闻雷声;忌以苦蒿杆做筷子及打人;忌拿粮食在手中抛玩;忌打布谷鸟;火把节时,忌在天地中间随意走动,如此会招来虫灾;忌白天点着火把到处走动,忌从屋里相继点着两把火把走出;忌在屋内弹弦、吹口哨;忌夜间不关门;禁砍神树或在神树旁高声喧哗打闹;忌妇女跨越男人或男人的帽子或者抚摸男人的头;不论男女,忌跨火塘;忌与人有仇时当着对方的面折断树枝、吐口水、打鸡、打狗、砍扫把、拍打头帕;家中有人出门远行,忌随后扫垃圾出门;灵牌是祖先的化身,禁外人挨近或不洁之物摆放周围;到彝家作客,忌坐在堆放东西和睡铺的下方和左方;主人酒肉款待,忌客人不品尝,不做任何表示。

四、中南、东南地区礼俗

我国中南、东南地区的少数民族在种类上虽无法与西南地区相比,但它却拥有我国人口最多的少数民族——壮族。另外,瑶族、毛南族、京族、土家族、黎族等族的人民也在这片土地上生产生活,代代相传。除壮族外,这里还有土家族、瑶族、黎族在人数上占有相对优势。

(一) 壮族礼俗

壮族是我国少数民族中人口最多的一个,其中90%以上的人口居住在广西壮族自治区。

1. 尊老礼仪

尊老爱幼是壮族的传统美德。路遇老人要主动打招呼、让路,在老人面前不跷二郎腿,不说污言秽语,不从老人面前跨来跨去;杀鸡时,鸡头、鸡翅必须敬给老人;路遇老人,男的要称"公公",女的则称"奶奶"或"老太太";若遇负重的长者同行,要主动帮助并送到分手处;用餐时须等最年长的老人入席后才能开饭;长辈未动的菜,晚辈不得先吃;给长辈端茶、盛饭,必须双手捧给;先吃完的要逐个对长辈说"慢吃"再离席。

2. 待客礼仪

壮族是一个好客的民族,过去到壮族村寨任何一家做客的客人都被认为是全寨的客人,往往几家轮流请吃饭,有时一餐饭吃五六家。客人到家,必在力所能及的情况下给客人最好的食宿,对客人中的长者和新客尤其热情。

3. 礼仪禁忌

祖先崇拜在壮族占有重要地位,至今每家正屋大都还供奉着"天地亲师"的神位,因而火塘、灶塘是壮族家庭最神圣的地方,禁止用脚踩踏火塘上的三角架以及灶台;壮族是稻作民族,十分爱护青蛙,有些地方的壮族有专门的"敬蛙仪",所以到壮族地区,严禁捕杀青蛙,也不要吃蛙肉。壮族人在门口挂有特殊物件时,是不能进入的;壮族人行商外出禁破碗,新婚出嫁忌打雷。

(二) 瑶族礼俗

瑶族人分散居住在广西、湖南、云南、广东、贵州等省(区)的150多个县的深山密林中。该民族有2000多年的历史,至今仍保留着本民族所持有的生活习俗。瑶族的礼仪风俗主要有以下几个方面。

1. 尊祖敬老礼仪

瑶族对祖先很尊敬,习惯在进餐之前先念祖先几辈姓名,表示祖先先尝后子孙才能受用。尤其对丰盛的餐食更是如此。每逢节日必备猪肉、鸡、鸭和酒等祭拜祖先。与老人和长辈同桌共餐,要让他们坐上席,主动给他们添饭加菜,可口的菜肴要移到老人和长辈面前摆放。待客时,以德高望重的老人为客人敬酒为大礼。路遇老人要主动打招呼,并让到路的下方,骑马者,见到老人时必须立即下马。

2. 待客礼仪

瑶族人喜用油茶敬客,遇有客至,都习惯敬三大碗。名为"一碗疏、二碗亲、三碗见真心"。瑶族老人也喜欢饮茶,所以茶水也是待客饮料。款待客人时,鸡、肉、盐一排排地放在碗里,无论主客,必须依次来吃。客人和老人每吃完一碗饭都有妇女代为装饭。盐在瑶族食俗中有特殊的地位,盐在瑶族中是请道公、至亲的大礼,俗称"盐信"。凡接到"盐信"者,无论有多重要的事都得丢开,按时赴约。

3. 礼仪禁忌

瑶族在日常生活中有许多礼仪禁忌。忌用洗脸盆洗脚;用餐时忌互用碗筷;忌衣裤当户晒;忌在屋内乱吐痰;路途相遇,不论相识与否,都要热情打招呼,否则被视为不懂礼貌;有客人到家,客人先要与主妇打招呼,主人才高兴,否则被认为傲慢无礼;在老人或长辈面前,忌跷二郎腿,忌说污秽的话,忌随地吐口痰,忌直呼老人和长辈的名字;"火塘"上的三角架以及灶膛,不能用脚踩,火塘内的柴禾忌讳倒着烧;有些地方的瑶族忌吃狗肉,所以到了瑶族地区,不要打主人家的狗,不要吃狗肉;还有些地方的瑶族忌吃乌龟、蛇和鳝鱼;大年初一妇女不串门访亲,不吃青菜,有些还在门外插一青杖或木牌;正月初三、初五、初六不出门;每年农历2月初2日(有的为3月初3日)举行祭龙仪式,祭龙扫寨活动时,禁止妇女参加,也谢绝外人进出寨子,已在本寨的外寨人,必须等祭祀完毕才能出寨;湘西南辰县农历7月5日前禁食黄瓜;绝大部分瑶族禁食猫肉和蛇肉;有的地方妇女产后头几天禁食猪油。

参 考 文 献

[1] 谢苏. 空乘礼仪. 国防工业出版社, 2010.
[2] 盛美兰. 民族服务礼仪. 北京:中国民航出版社, 2011.
[3] 李洪勇, 李聪聪. 礼仪全攻略. 北京:清华大学出版社, 2010.
[4] 闻君, 金波. 现代礼仪实用全书. 北京:时事出版社, 2007.
[5] 周思敏. 你的礼仪价值百万. 北京:中国纺织出版社, 2010.
[6] 李勤. 空乘人员化妆技巧与形象塑造. 北京:旅游教育出版社, 2007.
[7] 金正昆. 商务礼仪. 北京:北京大学出版社, 2010.
[8] 欧玲. 西方礼仪文化. 重庆:重庆大学出版社, 2008.
[9] 姜旭平. 我的商务礼仪课堂. 上海:上海交通大学出版社, 2006.
[10] 刘晖. 空乘服务沟通与播音技巧. 北京:旅游教育出版社, 2007.
[11] 魏全斌, 刘桦, 刘忠. 空乘服务礼仪. 四川教育出版社, 2011.
[12] 洪涛, 杨静. 空乘人员仪态与服务礼仪训练. 北京:旅游教育出版社, 2011.